公益財団法人 日本漢字能力検定協会

これでなっとく！

漢検 クイック スタディ

3級

JN092710

漢検 公益財団法人 日本漢字能力検定協会

もくじ

3章 ▶▶▶

巻末付録　　　　　巻末付録は、後ろから開きます。

本書の特長と使い方

検定データの分析から生まれた1冊

　公益財団法人 日本漢字能力検定協会が保有する**「漢検」®のデータを分析した結果**をもとに編集しました。特に、実際に×になった答案の傾向を分析し、**間違いやすい語や、誤りの多い字を、重点的に解説しました。**

●出題分野名
「漢検」での出題分野名に則しています。

●自己採点記入欄
チェックボックスと
同じく、2回分あり
ます。

●設問文
設問文をよく読んで、
指示に従って解答し
ましょう。

書き取り⑦

次の——線の**カタカナ**を**漢字**に直せ。

●問題
よく読んで解答しま
しょう。

□□ 1　限られた時間を<u>ユウコウ</u>に使う。　〔　　　〕

□□ 2　<u>ルイジ</u>した商品が出回っている。　〔　　　〕

□□ 3　シダ植物の<u>ホウシ</u>を観察する。　〔　　　〕

□□ 4　ここはかつて<u>ショケイ</u>場だった。　〔　　　〕

□□ 5　<u>サキュウ</u>でラクダに乗る。　〔　　　〕

□□ 6　計画の実現が<u>アヤ</u>ぶまれている。　〔　　　〕

●チェックボックス
2回分あります。
できた問題にチェッ
クする、できなかっ
た問題にチェックす
る……など、自分の
学ぶスタイルに合わ
せて使ってください。

□□ 7　映像の仕事に<u>タズサ</u>わっている。　〔　　　〕

□□ 8　<u>アワ</u>い期待を抱いて結果を待つ。　〔　　　〕

□□ 9　机の上に本を<u>フ</u>せて置く。　〔　　　〕

□□ 10　昼食の後に<u>ネム</u>くなった。　〔　　　〕

102

4

●本書は、「日本漢字能力検定（漢検）」の3級合格を目指した問題集です。

●持ち運びに便利なコンパクトサイズで、いつでもどこでも、すきま時間に効率よく学ぶことができます。

●解説
語の意味のほか、漢字の意味や部首など、学習に役立つ解説を掲載しています。

【解説中にあるアイコンの意味】

対……対義語

類……類義語

語例…解答の漢字を含む別の語

✐……問題を理解するのに役立つポイントをまとめました。

よく
あるＸ……よくある誤答例や、間違いやすいポイントを解説しました。特に「書き取り」分野の問題では、点画の誤りを、具体的に画像を使って説明しました。

間違いのある字　　　正しい字

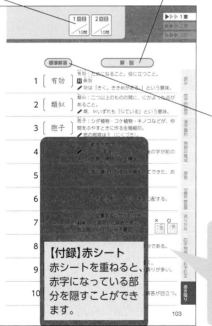

1回目	2回目
/10問	/10問

▶▶▶ 1章

標準解答　　　解説

1 ［ 有効 ］ 有効：ためになること。役に立つこと。
対 無効
✐ 「効」は「きく。ききめがある」という意味。

2 ［ 類似 ］ 類似：二つ以上のものの間に、にかよった点があること。
✐ 類、似いずれも「似ている」という意味。

3 ［ 胞子 ］ 胞子：シダ植物・コケ植物・キノコなどが、仲間をふやすときに作る生殖細胞。
✐ 胞の部首は⺼（にくづき）。

4 ［

5 ［

6 ［

7 ［

8 ［

9 ［

10 ［

●標準解答
赤シートで答えを隠して、繰り返し学習しましょう。

【付録】赤シート
赤シートを重ねると、赤字になっている部分を隠すことができます。

『これでなっとく！漢検 クイックスタディ』スペシャルウェブサイト

学びを支えるコンテンツをご利用いただけます。詳細は、p.324（巻末13）をご覧ください。

103

5

「漢検」級別　主な出題内容

10級
…対象漢字数 80字
漢字の読み／漢字の書取／筆順・画数

9級
…対象漢字数 240字
漢字の読み／漢字の書取／筆順・画数

8級
…対象漢字数 440字
漢字の読み／漢字の書取／部首・部首名／筆順・画数／送り仮名／対義語／同じ漢字の読み

7級
…対象漢字数 642字
漢字の読み／漢字の書取／部首・部首名／筆順・画数／送り仮名／対義語／同音異字／三字熟語

6級
…対象漢字数 835字
漢字の読み／漢字の書取／部首・部首名／筆順・画数／送り仮名／対義語・類義語／同音・同訓異字／三字熟語／熟語の構成

5級
…対象漢字数 1026字
漢字の読み／漢字の書取／部首・部首名／筆順・画数／送り仮名／対義語・類義語／同音・同訓異字／誤字訂正／四字熟語／熟語の構成

4級
…対象漢字数 1339字
漢字の読み／漢字の書取／部首・部首名／送り仮名／対義語・類義語／同音・同訓異字／誤字訂正／四字熟語／熟語の構成

3級
…対象漢字数 1623字
漢字の読み／漢字の書取／部首・部首名／送り仮名／対義語・類義語／同音・同訓異字／誤字訂正／四字熟語／熟語の構成

準2級
…対象漢字数 1951字
漢字の読み／漢字の書取／部首・部首名／送り仮名／対義語・類義語／同音・同訓異字／誤字訂正／四字熟語／熟語の構成

2級
…対象漢字数 2136字
漢字の読み／漢字の書取／部首・部首名／送り仮名／対義語・類義語／同音・同訓異字／誤字訂正／四字熟語／熟語の構成

準1級
…対象漢字数 約3000字
漢字の読み／漢字の書取／故事・諺／対義語・類義語／同音・同訓異字／誤字訂正／四字熟語

1級
…対象漢字数 約6000字
漢字の読み／漢字の書取／故事・諺／対義語・類義語／同音・同訓異字／誤字訂正／四字熟語

※ここに示したのは出題分野の一例です。毎回すべての分野から出題されるとは限りません。また、このほかの分野から出題されることもあります。

日本漢字能力検定採点基準

最終改定：平成25年4月1日

❶採点の対象

筆画を正しく、明確に書かれた字を採点の対象とし、くずした字や、乱雑に書かれた字は採点の対象外とする。

❷字種・字体

①2〜10級の解答は、内閣告示「常用漢字表」（平成二十二年）による。ただし、旧字体での解答は正答とは認めない。
②1級および準1級の解答は、『漢検要覧 1／準1級対応』（公益財団法人日本漢字能力検定協会発行）に示す「標準字体」「許容字体」「旧字体一覧表」による。

❸読み

①2〜10級の解答は、内閣告示「常用漢字表」（平成二十二年）による。
②1級および準1級の解答には、①の規定は適用しない。

❹仮名遣い

仮名遣いは、内閣告示「現代仮名遣い」による。

❺送り仮名

送り仮名は、内閣告示「送り仮名の付け方」による。

❻部首

部首は、『漢検要覧 2〜10級対応』（公益財団法人日本漢字能力検定協会発行）収録の「部首一覧表と部別の常用漢字」による。

❼筆順

筆順の原則は、文部省編『筆順指導の手びき』（昭和三十三年）による。常用漢字一字一字の筆順は、『漢検要覧 2〜10級対応』収録の「常用漢字の筆順一覧」による。

❽合格基準

級	満点	合格
1級／準1級／2級	200点	80%程度
準2級／3級／4級／5級／6級／7級	200点	70%程度
8級／9級／10級	150点	80%程度

※部首、筆順は『漢検 漢字学習ステップ』など公益財団法人日本漢字能力検定協会発行図書でも参照できます。

日本漢字能力検定審査基準

程度

常用漢字のうち約1300字を理解し、文章の中で適切に使える。

領域・内容

《読むことと書くこと》

小学校学年別漢字配当表のすべての漢字と、その他の常用漢字約300字の読み書きを習得し、文章の中で適切に使える。

・音読みと訓読みとを正しく理解していること
・送り仮名や仮名遣いに注意して正しく書けること
・熟語の構成を正しく理解していること
・熟字訓、当て字を理解していること（小豆／あずき、土産／みやげ　など）
・対義語、類義語、同音・同訓異字を正しく理解していること

《四字熟語》

四字熟語を理解している。

《部首》

部首を識別し、漢字の構成と意味を理解している。

4級

程度

常用漢字のうち約1600字を理解し、文章の中で適切に使える。

領域・内容

《読むことと書くこと》

小学校学年別漢字配当表のすべての漢字と、その他の常用漢字約600字の読み書きを習得し、文章の中で適切に使える。

・音読みと訓読みとを正しく理解していること
・送り仮名や仮名遣いに注意して正しく書けること
・熟語の構成を正しく理解していること
・熟字訓、当て字を理解していること（乙女／おとめ、風邪／かぜ　など）
・対義語、類義語、同音・同訓異字を正しく理解していること

《四字熟語》

四字熟語を理解している。

《部首》

部首を識別し、漢字の構成と意味を理解している。

3級

準2級

程度
常用漢字のうち1951字を理解し、文章の中で適切に使える。

領域・内容
《読むことと書くこと》
1951字の漢字の読み書きを習得し、文章の中で適切に使える。
- ・音読みと訓読みとを正しく理解していること
- ・送り仮名や仮名遣いに注意して正しく書けること
- ・熟語の構成を正しく理解していること
- ・熟字訓、当て字を理解していること（硫黄／いおう、相撲／すもう　など）
- ・対義語、類義語、同音・同訓異字を正しく理解していること

《四字熟語》
典拠のある四字熟語を理解している（驚天動地、孤立無援　など）。

《部首》
部首を識別し、漢字の構成と意味を理解している。

※1951字とは、昭和56年（1981年）10月1日付内閣告示による旧「常用漢字表」の1945字から「勺」「錘」「銑」「脹」「匁」の5字を除いたものに、現行の「常用漢字表」のうち、「茨」「媛」「岡」「熊」「埼」「鹿」「栃」「奈」「梨」「阪」「阜」の11字を加えたものを指す。

2級

程度
すべての常用漢字を理解し、文章の中で適切に使える。

領域・内容
《読むことと書くこと》
すべての常用漢字の読み書きに習熟し、文章の中で適切に使える。
- ・音読みと訓読みとを正しく理解していること
- ・送り仮名や仮名遣いに注意して正しく書けること
- ・熟語の構成を正しく理解していること
- ・熟字訓、当て字を理解していること（海女／あま、玄人／くろうと　など）
- ・対義語、類義語、同音・同訓異字などを正しく理解していること

《四字熟語》
典拠のある四字熟語を理解している（鶏口牛後、呉越同舟　など）。

《部首》
部首を識別し、漢字の構成と意味を理解している。

次の——線の**漢字の読み**を**ひらがな**で記せ。

□□ 1 球は<u>弧</u>を描いて観覧席に達した。 [ ]

□□ 2 戦前はポンドが<u>基軸</u>通貨だった。 [ ]

□□ 3 <u>冗漫</u>な演説に、げんなりする。 [ ]

□□ 4 一見、何の<u>変哲</u>もない写真だ。 [ ]

□□ 5 <u>魅惑</u>的な目で見つめられた。 [ ]

□□ 6 幼児の<u>屈託</u>のない笑顔に和む。 [ ]

□□ 7 愛用する辞書の<u>改訂</u>版が刊行された。 [ ]

□□ 8 固く<u>絞</u>ったぞうきんで床をふく。 [ ]

□□ 9 川に<u>仕掛</u>けを作って魚を捕る。 [ ]

□□ 10 <u>横綱</u>同士の優勝決定戦となった。 [ ]

(標準解答)　　　(解 説)

1 [こ]　弧：弓なりに曲がった線。

2 [きじく]　基軸：物事の基幹や中心となるもの。

3 [じょうまん]　冗漫：表現がくどく、しまりがないこと。

4 [へんてつ]　変哲：変わったこと。また、変わっているところ。

5 [みわく]　魅惑：魅力で人の心を引きつけ、惑わせること。

6 [くったく]　屈託：何かを気にしてくよくよすること。

7 [かいてい]　改訂：書物・文書の内容などを改め、直すこと。
✏ 「改訂」の訂は「ただす」という意味。

8 [しぼ]　絞る：湿った布などを強くねじり、水分を出す。
誤答✕ しばる…「しばる」と読むのは「縛る」。

9 [しか]　仕掛け：目的のために工夫された装置。
誤答✕ しかけ…送りがなまで書いている誤答が多い。──線部分をよく確認しよう。

10 [よこづな]　横綱：すもうで、力士の最上の地位。

読み

同音・同訓異字

漢字識別

熟語の構成

部首

対義語・類義語

送りがな

四字熟語

誤字訂正

書き取り

読み②

次の——線の**漢字の読み**を**ひらがな**で記せ。

□ 1 廊下の突きあたりに鏡がある。　　　[　　　]

□ 2 大画面の液晶テレビが発売された。[　　　]

□ 3 我が家では日常茶飯事の光景だ。　[　　　]

□ 4 甲乙つけがたい優れた作品が並ぶ。[　　　]

□ 5 偉業を残した先人の軌跡をたどる。[　　　]

□ 6 慈善事業に積極的に協力した。　　[　　　]

□ 7 数隻の船が港に停泊していた。　　[　　　]

□ 8 人に恨まれるような覚えはない。　[　　　]

□ 9 一生をかけて一つの学問を究める。[　　　]

□ 10 ブドウの房をはさみで切る。　　　[　　　]

（標準解答）　　（解　説）

読み

同音・同訓異字

漢字識別

熟語の構成

部首

対義語・類義語

送りがな

四字熟語

誤字訂正

書き取り

1 ［ ろうか ］ 廊下：建物内の細長い通路。

2 ［ えきしょう ］ 液晶：「液状結晶」の略。液体と固体の中間の状態にある物質。

3 ［ さはんじ ］ 茶飯事：日常のごくありふれたこと。珍しくもないこと。
よく出る✕ ちゃはんじ

4 ［ こうおつ ］ 甲乙：ものの順序や優劣。

5 ［ きせき ］ 軌跡：先人や物事がたどってきた跡。

6 ［ じぜん ］ 慈善：困っている人に金品を与えるなどして救済すること。

7 ［ すうせき ］ 数隻：船がいくつかあること。「隻」は船を数える単位。

8 ［ うら ］ 恨む：相手の仕打ちに対して不満や不快感をいつまでも持ち続ける。
よく出る✕ にくむ…「にくむ」と読むのは「憎む」。

9 ［ きわ ］ 究める：最後まで突き詰める。深く研究して本質をつかむ。

10 ［ ふさ ］ 房：花や実など、群がって垂れ下がっているもの。

13

読み③

次の——線の**漢字の読み**を**ひらがな**で記せ。

□□ 1 かつて出版物は<u>検閲</u>を受けた。 〔　　　　〕

□□ 2 <u>濃紺</u>のスーツを着る。 〔　　　　〕

□□ 3 この店の主人は<u>商魂</u>たくましい。 〔　　　　〕

□□ 4 <u>開墾</u>によって畑を広げた。 〔　　　　〕

□□ 5 彼を<u>翻意</u>させるのは難しそうだ。 〔　　　　〕

□□ 6 <u>棋士</u>が主人公の小説を読む。 〔　　　　〕

□□ 7 ピカソは二十世紀美術の<u>巨匠</u>だ。 〔　　　　〕

□□ 8 科学技術は<u>著</u>しい発展を遂げた。 〔　　　　〕

□□ 9 母は髪を<u>結</u>うのが上手だ。 〔　　　　〕

□□ 10 <u>浮</u>ついた気分を引き締める。 〔　　　　〕

標準解答　　解　説

1 ［ けんえつ ］ 検閲：国が、メディアや郵便などの内容を強制的に調べ、取り締まること。

2 ［ のうこん ］ 濃紺：濃い紺色。
あるある✕ のうこう… 「のうこう」と読むのは「濃厚」。意味は「こってりしているさま」。

3 ［ しょうこん ］ 商魂：お金をもうけようとする気構え。

4 ［ かいこん ］ 開墾：新たに山林や原野を切り開いて田畑にすること。

5 ［ ほんい ］ 翻意：決心や意志を変えること。

6 ［ きし ］ 棋士：囲碁や将棋で対局することを職業としている人。

7 ［ きょしょう ］ 巨匠：芸術など専門の分野で非常に優れている人。類 大家
あるある✕ きょたく

8 ［ いちじる ］ 著しい：はっきり目立つさま。程度がはなはだしい。

9 ［ ゆ ］ 結う：髪を形よくたばねる。

10 ［ うわ ］ 浮つく：うきうきして落ち着かない。慎重さに欠ける。

読み

同音・同訓異字

漢字識別

熟語の構成

部首

対義語・類義語

送りがな

四字熟語

誤字訂正

書き取り

15

次の——線の**漢字の読み**を**ひらがな**で記せ。

□□ 1 県を南北に縦貫する道路だ。 [　　　　]

□□ 2 栄養が欠乏しないよう気をつける。 [　　　　]

□□ 3 陪審員として裁判に立ち会う。 [　　　　]

□□ 4 話をわかりやすく換言する。 [　　　　]

□□ 5 スポーツは心身の鍛錬に役立つ。 [　　　　]

□□ 6 投手の好投で完封勝ちした。 [　　　　]

□□ 7 水蒸気が凝結して結露ができる。 [　　　　]

□□ 8 甲高い笑い声が聞こえてきた。 [　　　　]

□□ 9 又聞きした話は信用できない。 [　　　　]

□□ 10 雪崩による遭難者を救出した。 [　　　　]

標準解答

解説

1 ［じゅうかん］ 縦貫：縦、または南北に貫くこと。

2 ［けつぼう］ 欠乏：必要なものが不足すること。

3 ［ばいしんいん］ 陪審員：一般市民から選ばれて、裁判に立ち会う人。

4 ［かんげん］ 換言：他の言葉で言い換えること。

5 ［たんれん］ 鍛錬：訓練を積んで心身をみがくこと。

6 ［かんぷう］ 完封：球技で、相手のチームに一点も与えずに勝つこと。

7 ［ぎょうけつ］ 凝結：気体が液体になること。
よくある✕ ぎけつ
語例 凝視

8 ［かんだか］ 甲高い：声や音の調子が、高く鋭い。

9 ［またぎ］ 又聞き：間接的に聞くこと。人づてに聞くこと。

10 ［なだれ］ 雪崩：傾斜地に積もった雪が、一時に大量に崩れ落ちる現象。
✎「雪崩」は中学校で学習する熟字訓・当て字。

読み / 同音・同訓異字 / 漢字識別 / 熟語の構成 / 部首 / 対義語・類義語 / 送りがな / 四字熟語 / 誤字訂正 / 書き取り

17

次の――線の**漢字の読み**を**ひらがな**で記せ。

☐☐ 1 <u>錠</u>を壊して侵入したようだ。　　　[　　　　]

☐☐ 2 技術においては他の<u>追随</u>を許さない。[　　　　]

☐☐ 3 <u>某所</u>にある出版社を訪ねる。　　　[　　　　]

☐☐ 4 若者たちが<u>殊勝</u>に努力を続けた。　[　　　　]

☐☐ 5 <u>老婆心</u>から忠告したまでだ。　　　[　　　　]

☐☐ 6 液体から不純物を<u>抽出</u>する。　　　[　　　　]

☐☐ 7 必要経費を<u>概算</u>する。　　　　　　[　　　　]

☐☐ 8 家の前を毎日ほうきで<u>掃</u>く。　　　[　　　　]

☐☐ 9 この公園は市民の<u>憩</u>いの場だ。　　[　　　　]

☐☐ 10 <u>最寄</u>りの駅まで歩いて十分ほどだ。[　　　　]

標準解答 | 解 説

読み

同音・同訓異字

漢字識別

熟語の構成

部首

対義語・類義語

送りがな

四字熟語

誤字訂正

書き取り

1 〔 じょう 〕 　錠：自由に開閉できないようにする金具。
　　　　　　　　　よくあるX かぎ…「かぎ」と読むのは「鍵」。

2 〔 ついずい 〕 　追随：人のあとに付き従うこと。

3 〔 ぼうしょ 〕 　某所：あるところ。場所が不明な場合や、明示できない場合に用いる。

4 〔 しゅしょう 〕 　殊勝：心がけや行いが立派で感心できる様子。

5 〔 ろうばしん 〕 　老婆心：必要以上の親切のこと。おせっかい。

6 〔 ちゅうしゅつ 〕 　抽出：液体などから、ある物質を取り出すこと。
　　　　　　　　　よくあるX ゆしゅつ

7 〔 がいさん 〕 　概算：大まかに計算をすること。

8 〔 は 〕 　掃く：ほうきなどでごみを払い除く。
　　　　　　　　　よくあるX ふく…「ふく」と読むのは「拭く」。意味は「汚れや水分などをぬぐい取る」。

9 〔 いこ 〕 　憩い：体などを休めること。

10 〔 もよ 〕 　最寄り：最も近く。すぐ近く。
　　　　　　　　　よくあるX もより…送りがなまで書いている誤答が多い。――線部分をよく確認しよう。

19

同音・同訓異字①

次の──線の**カタカナ**にあてはまる漢字をそれぞれの**ア～オ**から**一つ**選び、**記号**で答えよ。

☐☐ **1** 相手の陣営に**セン**入して調査する。 [　　　]

☐☐ **2** **セン**薄な知識を振りかざしていばる。 [　　　]

☐☐ **3** **セン**練された身のこなしが魅力的だ。 [　　　]

（ ア 千 イ 洗 ウ 浅 エ 潜 オ 選 ）

☐☐ **4** 弟にひどい悪**タイ**をつかれた。 [　　　]

☐☐ **5** 改善努力をしないのは**タイ**慢だ。 [　　　]

☐☐ **6** 新しい時代の**タイ**動が聞こえる。 [　　　]

（ ア 体 イ 隊 ウ 態 エ 胎 オ 怠 ）

☐☐ **7** 調理実習でご飯を**タ**いた。 [　　　]

☐☐ **8** 型紙に沿ってはさみで布を**タ**つ。 [　　　]

☐☐ **9** 師匠が弟子に範を**タ**れる。 [　　　]

（ ア 垂 イ 足 ウ 立 エ 炊 オ 裁 ）

20

標準解答　　　　解　説

1 [エ] 潜入(せんにゅう)：ひそかに入り込むこと。

2 [ウ] 浅薄(せんぱく)：学問や見識などが薄っぺらであさはかなこと。

3 [イ] 洗練(せんれん)：文章や作品、人格などを品位の高いものにみがきあげること。

4 [ウ] 悪態(あくたい)：わるくち。にくまれぐち。

5 [オ] 怠慢(たいまん)：なまけて、するべきことをしないこと。また、そのさま。

6 [エ] 胎動(たいどう)：新しい物事が起こり始めようとしていること。
✐ 胎には「はじめ」という意味がある。

7 [エ] 炊(た)く：米などの穀物を、水分が吸収されるように煮る。

8 [オ] 裁(た)つ：衣服などに仕立てるために布を切る。

9 [ア] 垂(た)れる：上から下の方へ下げる。上の者から下の者に教訓や模範を示す。

読み

同音・同訓異字

漢字識別

熟語の構成

部首

対義語・類義語

送りがな

四字熟語

誤字訂正

書き取り

同音・同訓異字②

次の——線の**カタカナ**にあてはまる漢字をそれぞれの**ア〜オ**から**一つ**選び、**記号**で答えよ。

1 アルバムを見て感**ガイ**にふける。　[　　]

2 会議で企画の**ガイ**略を示す。　[　　]

3 当**ガイ**官庁への申告を済ませる。　[　　]

（　ア 害　イ 該　ウ 概　エ 街　オ 慨　）

4 人の弱みを握って**キョウ**迫する。　[　　]

5 百貨店が不**キョウ**で倒産する。　[　　]

6 即**キョウ**でピアノを演奏する。　[　　]

（　ア 況　イ 興　ウ 郷　エ 驚　オ 脅　）

7 専門家会議から答**シン**が出た。　[　　]

8 販売地域が格段に**シン**張する。　[　　]

9 わずかな差で**シン**勝して決勝に進む。[　　]

（　ア 申　イ 辛　ウ 真　エ 伸　オ 新　）

標準解答　　　　　解説

1 〔 オ 〕 感慨：身にしみて感じること。また、その思い。

2 〔 ウ 〕 概略：物事のあらまし。おおよその内容。

3 〔 イ 〕 当該：その事柄の受け持ちであること。

4 〔 オ 〕 脅迫：他人にあることを行わせようと、おどしつけること。

5 〔 ア 〕 不況：景気が悪いこと。
✎況には「ありさま」という意味がある。

6 〔 イ 〕 即興：その場の気持ちで詩歌・楽曲などを作ること。
✎興には「たのしみ」という意味がある。

7 〔 ア 〕 答申：上司や官庁の問いに対して、意見を述べること。

8 〔 エ 〕 伸張：物や勢力などをのばし広げること。

9 〔 イ 〕 辛勝：試合などで、苦戦しながらやっと勝つこと。

読み

同音・同訓異字

漢字識別

熟語の構成

部首

対義語・類義語

送りがな

四字熟語

誤字訂正

書き取り

23

同音・同訓異字③

次の——線の**カタカナ**にあてはまる漢字をそれぞれの**ア〜オ**から**一つ**選び、**記号**で答えよ。

□□ 1 苦手な料理を出されて**コン**惑する。 [　]

□□ 2 病気で意識が**コン**濁する。 [　]

□□ 3 長年の遺**コン**を晴らす。 [　]

（ ア 恨　イ 婚　ウ 困　エ 根　オ 混 ）

□□ 4 互いに**ジョウ**歩して合意に達した。 [　]

□□ 5 開かないように**ジョウ**前を下ろす。 [　]

□□ 6 文章が**ジョウ**長に過ぎる。 [　]

（ ア 冗　イ 錠　ウ 丈　エ 譲　オ 条 ）

□□ 7 今年は皆**キン**で通した。 [　]

□□ 8 食パンを一**キン**買い求めた。 [　]

□□ 9 仲間と**キン**密に連絡を取り合う。 [　]

（ ア 均　イ 斤　ウ 緊　エ 禁　オ 勤 ）

1回目	2回目
／9問	／9問

標準解答　　　　解説

読み

同音・同訓異字

漢字識別

熟語の構成

部首

対義語・類義語

送りがな

四字熟語

誤字訂正

書き取り

1 [ウ] 困惑：どうしてよいかわからずこまること。

2 [オ] 混濁：記憶や意識などがぼんやりしてはっきりしないこと。

3 [ア] 遺恨：いつまでも忘れられないうらみ。

4 [エ] 譲歩：自分の主張を曲げて他の意見を受け入れること。

5 [イ] 錠前：戸・とびらなどに取りつけて、開閉できないようにする金具。

6 [ア] 冗長：的を射ずに長たらしいこと。

7 [オ] 皆勤：一定の期間中、休日以外一日も休まずに出席したり働いたりすること。

8 [イ] 一斤：「斤」は、食パンのかたまりを数える単位。

9 [ウ] 緊密：人間関係や国同士などの結びつきが強い様子。園 密接

同音・同訓異字④

次の——線の**カタカナ**にあてはまる漢字をそれぞれの**ア～オ**から**一つ**選び、**記号**で答えよ。

□□ **1** 一**セキ**の船が沖を行く。 [　　]

□□ **2** 専門家に筆**セキ**を調べてもらう。 [　　]

□□ **3** 輸入品の排**セキ**運動が起こった。 [　　]

（ ア 隻 イ 責 ウ 績 エ 跡 オ 斥 ）

□□ **4** これ以上の失点は**ソ**止したい。 [　　]

□□ **5** **ソ**相のないように気をつける。 [　　]

□□ **6** 奈良時代の寺の**ソ**石が残る。 [　　]

（ ア 祖 イ 粗 ウ 礎 エ 阻 オ 素 ）

□□ **7** 裏面の文字が**ス**けて見える。 [　　]

□□ **8** 泉の水は**ス**んでいる。 [　　]

□□ **9** 危険な考えが胸に**ス**くう。 [　　]

（ ア 澄 イ 透 ウ 住 エ 済 オ 巣 ）

標準解答　　　解　説

1　［　ア　］　一隻（いっせき）：「隻」は、船などを数える単位。

2　［　エ　］　筆跡（ひっせき）：個人の文字の書き癖や特徴。書かれた文字。

3　［　オ　］　排斥（はいせき）：押しのけ、退けること。

4　［　エ　］　阻止（そし）：さまたげ、やめさせること。

5　［　イ　］　粗相（そそう）：不注意や軽率さによって、過失・失態をおかすこと。

6　［　ウ　］　礎石（そせき）：建造物の土台となる石。いしずえ。

7　［　イ　］　透ける：物を突き抜けて向こうが見える。

8　［　ア　］　澄む：よどみや濁りがなくなり、すきとおった状態になる。

9　［　オ　］　巣くう：好ましくないものが住みつく。

同音・同訓異字⑤

次の――線の**カタカナ**にあてはまる漢字をそれぞれの**ア〜オ**から**一つ**選び、**記号**で答えよ。

□□ 1 真実は**ソウ**晩解明されるだろう。 [   ]

□□ 2 疑惑が一**ソウ**された。 [   ]

□□ 3 夢と現実の**ソウ**克に苦しむ。 [   ]

（ ア 相 イ 奏 ウ 争 エ 掃 オ 早 ）

□□ 4 私は毎日、家計**ボ**をつけている。 [   ]

□□ 5 シカの愛称を公**ボ**する。 [   ]

□□ 6 故人を追**ボ**する碑が建てられた。 [   ]

（ ア 暮 イ 簿 ウ 慕 エ 募 オ 墓 ）

□□ 7 ブロンズの胸像を**チュウ**造する。 [   ]

□□ 8 **チュウ**象的な話ばかりだった。 [   ]

□□ 9 十年がたち、**チュウ**堅社員となった。 [   ]

（ ア 抽 イ 鋳 ウ 忠 エ 注 オ 中 ）

28

標準解答

解　説

読み

同音・同訓異字

漢字識別

熟語の構成

部首

対義語・類義語

送りがな

四字熟語

誤字訂正

書き取り

1 〔 オ 〕 早晩：遅かれはやかれ。いつかは。

2 〔 エ 〕 一掃：全て払いのけること。

3 〔 ア 〕 相克：対立・矛盾するものが互いに争うこと。

4 〔 イ 〕 家計簿：一家の収入・支出を記入するもの。

5 〔 エ 〕 公募：人や物を集めるために、広く一般に呼び
かけること。

6 〔 ウ 〕 追慕：死者や去った人などを思い出して恋いし
たうこと。

7 〔 イ 〕 鋳造：金属を型に流して固めること。

8 〔 ア 〕 抽象的：現実を離れ、物事を頭の中だけで考え
ていて、わかりにくいさま。**対** 具体的

9 〔 オ 〕 中堅：社会や集団の主力として活躍する人。

漢字識別①

三つの□に**共通する漢字**を入れて熟語を作れ。漢字は、**1～5**は**ア～コ**から、**6～10**は**サ～ト**から一つ選び、記号で答えよ。

□
□ 1　母□・□生・□動　　ア 子　イ 滅　ウ 言　エ 簿　オ 施　カ 校　キ 余　ク 胎　ケ 賊　コ 人　［　　］

□
□ 2　実□・□行・□策　　［　　］

□
□ 3　□軍・盗□・逆□　　［　　］

□
□ 4　帳□・□記・名□　　［　　］

□
□ 5　幻□・□亡・自□　　［　　］

□
□ 6　配□者・□像・□発　　サ 想　シ 鶏　ス 突　セ 遇　ソ 凝　タ 交　チ 穏　ツ 後　テ 偶　ト 詠　［　　］

□
□ 7　□嘆・□歌・題□　　［　　］

□
□ 8　□和・安□・□便　　［　　］

□
□ 9　□固・□視・□縮　　［　　］

□
□ 10　養□・□鳴・闘□　　［　　］

30

標準解答　　　　　　　解　説

1 [ケ]
母胎：母親の体の中。物事が生まれるもと。
胎生：子が母の体内で育ってから生まれること。
胎動：母親の体内で子どもが動くこと。

2 [カ]
実施：計画などを実際に行うこと。
施行：実際に行うこと。
施策：行政機関などが立てる計画。

3 [コ]
賊軍：支配者に反逆する軍勢。
盗賊：他人の金品を略奪する者。
逆賊：国家や主君などに背く悪人。反逆者。

4 [オ]
帳簿：会計や事務のために記入する帳面。
簿記：金銭の出し入れを記録する技法。
名簿：名前や住所などを一覧にしたもの。

5 [ウ]
幻滅：現実を知ってがっかりすること。
滅亡：ほろびて消え去ること。
自滅：自分の行いで自身をほろぼすこと。

6 [テ]
配偶者：夫婦の一方から見た他方を言う言葉。
偶像：神仏などをかたどった像。
偶発：たまたま起こること。

7 [ト]
詠嘆：深く感動すること。
詠歌：和歌をよむこと。また、その和歌。
題詠：決まった題で詩歌・俳句をよむこと。

8 [チ]
穏和：おだやかで、やわらいでいること。
安穏：変わりなくおだやかなさま。
穏便：事を荒だてないようにするさま。

9 [ソ]
凝固：液体や気体が固体に変化する現象。
凝視：目標物をじっと見つめること。
凝縮：ばらばらなものが一つにまとまること。

10 [シ]
養鶏：ニワトリを食用に飼育すること。
鶏鳴：ニワトリが鳴くこと。また、その鳴き声。
闘鶏：ニワトリ同士をたたかわせる遊戯。

読み
同音・同訓異字
漢字識別
熟語の構成
部首
対義語・類義語
送りがな
四字熟語
誤字訂正
書き取り

31

漢字識別②

三つの□に**共通する漢字**を入れて熟語を作れ。漢字は、**1～5**は**ア～コ**から、**6～10**は**サ～ト**から**一つ**選び、**記号**で答えよ。

□1 □帯・□行・連□	ア 苗 イ 掌 ウ 勝 エ 奪 オ 結 カ 図 キ 請 ク 乗 ケ 携 コ 時	[　　]
□2 □握・車□・分□		[　　]
□3 □願・□負・要□		[　　]
□4 □回・□取・略□		[　　]
□5 早□・□代・□木		[　　]
□6 □建的・□鎖・厳□	サ 仮 シ 抑 ス 重 セ 禁 ソ 巧 タ 新 チ 密 ツ 封 テ 熱 ト 炉	[　　]
□7 □揚・□圧・□止		[　　]
□8 暖□・□端・溶鉱□		[　　]
□9 □装・□病・□設		[　　]
□10 □妙・技□・精□		[　　]

標準解答 | 解 説

読み

同音・同訓異字

漢字識別

熟語の構成

部首

対義語・類義語

送りがな

四字熟語

誤字訂正

書き取り

1 [ケ]
携帯：身につけて持ち歩くこと。
携行：持っていくこと。
連携：連絡を取りながら協力し合うこと。

2 [イ]
掌握：物事を思い通りに動かすこと。
車掌：電車内の事務などをする乗務員。
分掌：仕事を分けて受け持つこと。

3 [キ]
請願：国などに文書で要求を述べること。
請負：条件を決めて仕事を引き受けること。
要請：必要なこととして願い求めること。

4 [エ]
奪回：とられたものをうばい返すこと。
奪取：争って手に入れること。
略奪：力によって無理にうばい取ること。

5 [ア]
早苗：田に植え替えるイネの若いなえ。
苗代：田植えまでにイネの種をまき、育てる田。
苗木：植えるために育てた幼い木。

6 [ツ]
封建的：上下関係を重視し自由がない様子。
封鎖：出入りができないようにすること。
厳封：厳重にふうをすること。

7 [シ]
抑揚：音声などを、上げ下げすること。
抑圧：無理に行動などをおさえつけること。
抑止：起こらないように、おさえとどめること。

8 [ト]
暖炉：火をたいて室内を暖める装置。
炉端：いろりのまわり。いろりばた。
溶鉱炉：鉄や銅などの製錬に用いる炉。

9 [サ]
仮装：かりに他のものの姿をすること。
仮病：病気のふりをすること。
仮設：一時的な間に合わせで設けること。

10 [ソ]
巧妙：たくみで見事なこと。
技巧：技術の上手なこと。たくみなわざ。
精巧：細工が細かく、優れていること。

漢字識別③

三つの□に**共通する漢字**を入れて熟語を作れ。漢字は、**1～5**は**ア～コ**から、**6～10**は**サ～ト**から**一つ**選び、**記号**で答えよ。

□□1　□楽・喜□・満□　　〔　　〕

□□2　□離・□月・遠□　　〔　　〕

□□3　召□・□起・□声　　〔　　〕

□□4　□算・交□・互□　　〔　　〕

□□5　果□・勇□・□闘　　〔　　〕

1～5 選択肢:
ア　観
イ　喚
ウ　年
エ　計
オ　隔
カ　換
キ　気
ク　悦
ケ　潔
コ　敢

□□6　□通・縦□・突□　　〔　　〕

□□7　□成・皆□日食・□存　　〔　　〕

□□8　空□・□構・□弱　　〔　　〕

□□9　□斜・□向・□聴　　〔　　〕

□□10　□発・□示・拝□　　〔　　〕

6～10 選択肢:
サ　虚
シ　破
ス　貫
セ　啓
ソ　生
タ　強
チ　既
ツ　然
テ　傾
ト　公

標準解答　　　　　　　解　説

1 〔 ク 〕
悦楽：心から満足して楽しむこと。
喜悦：心から喜ぶこと。
満悦：心が満たりて喜ぶこと。

2 〔 オ 〕
隔離：他からへだてて離しておくこと。
隔月：ひと月おき。
遠隔：遠く離れていること。

3 〔 イ 〕
召喚：官庁などが人を呼び出すこと。
喚起：呼び起こすこと。
喚声：呼び叫ぶ声。興奮して出す大声。

4 〔 カ 〕
換算：別の単位に計算して置きかえること。
交換：互いに取りかえること。
互換：互いに取りかえることができること。

5 〔 コ 〕
果敢：思い切って行動する様子。
勇敢：自ら進んで困難に立ち向かう様子。
敢闘：恐れず勇ましく戦うこと。

6 〔 ス 〕
貫通：突き抜け通ること。
縦貫：縦、または、南北につらぬくこと。
突貫：一気に仕上げること。

7 〔 チ 〕
既成：すでにできあがっていること。
皆既日食：太陽の全面が月に隠される現象。
既存：すでに存在していること。

8 〔 サ 〕
空虚：内容や価値がないこと。
虚構：事実でないことを事実らしく作ること。
虚弱：体がひよわで病気がちなこと。

9 〔 テ 〕
傾斜：かたむいて斜めになること。
傾向：ある方向にかたむくこと。
傾聴：耳をすまして熱心に聞くこと。

10 〔 セ 〕
啓発：気づかない点を教え示すこと。
啓示：人知を超えることを神が示すこと。
拝啓：手紙の初めに用いるあいさつの言葉。

読み
同音・同訓異字
漢字識別
熟語の構成
部首
対義語・類義語
送りがな
四字熟語
誤字訂正
書き取り

35

熟語の構成①

熟語の構成のしかたには□□□内の**ア～オ**のようなものがある。
次の熟語は□□□内の**ア～オ**のどれにあたるか、**一つ**選び、**記号**で答えよ。

☐☐ 1 乾湿 　　　　　　　　　　［　　］

☐☐ 2 潜水 　　　　　　　　　　［　　］

ア	同じような意味の漢字を重ねたもの（岩石）
イ	反対または対応の意味を表す字を重ねたもの（高低）
ウ	前の字が後の字を修飾しているもの（洋画）
エ	後の字が前の字の目的語・補語になっているもの（着席）
オ	前の字が後の字の意味を打ち消しているもの（非常）

☐☐ 3 清濁 　　　　　　　　　　［　　］

☐☐ 4 未踏 　　　　　　　　　　［　　］

☐☐ 5 減税 　　　　　　　　　　［　　］

☐☐ 6 不問 　　　　　　　　　　［　　］

☐☐ 7 摂取 　　　　　　　　　　［　　］

☐☐ 8 奇怪 　　　　　　　　　　［　　］

☐☐ 9 深紅 　　　　　　　　　　［　　］

☐☐ 10 賢愚 　　　　　　　　　　［　　］

標準解答	解 説

1 [イ]
乾湿：乾いていることと湿っていること。
構成 乾 ⟷ 湿 **対義**
「乾いている」と「湿っている」、反対の意味。

2 [エ]
潜水：水の中に潜ること。
構成 潜 ⟵ 水 **目的**
水に潜る。

3 [イ]
清濁：清らかなことと濁っていること。善と悪。
構成 清 ⟷ 濁 **対義**
「清らかだ」と「濁っている」、反対の意味。

4 [オ]
未踏：まだだれも足を踏み入れたことのないこと。
構成 未 × 踏 **打消**
まだ踏み入れていない。

5 [エ]
減税：税金を軽くすること。
構成 減 ⟵ 税 **目的**
税を減らす。

6 [オ]
不問：取り立てて問題にしないこと。
構成 不 × 問 **打消**
問わない。

7 [ア]
摂取：外部から取り入れて自分のものとすること。
構成 摂 ＝ 取 **同義**
どちらも「とる」という意味。

8 [ア]
奇怪：不思議であやしいこと。
構成 奇 ＝ 怪 **同義**
どちらも「あやしい」という意味。

9 [ウ]
深紅：濃い赤色。
構成 深 ⟶ 紅 **修飾**
深いあか色。

10 [イ]
賢愚：賢さと愚かさ。
構成 賢 ⟷ 愚 **対義**
「賢い」と「愚かだ」、反対の意味。

読み / 同音・同訓異字 / 漢字識別 / **熟語の構成** / 部首 / 対義語・類義語 / 送りがな / 四字熟語 / 誤字訂正 / 書き取り

37

熟語の構成②

熟語の構成のしかたには◯◯◯内の**ア～オ**のようなものがある。次の熟語は◯◯◯内の**ア～オ**のどれにあたるか、**一つ選び、記号**で答えよ。

□□ 1　正邪　　　　　　　　　　　　　　　　[　]

□□ 2　湿潤　　　　　　　　　　　　　　　　[　]

ア　同じような意味の漢字
　　を重ねたもの
　　　　　　　　（岩石）

イ　反対または対応の意味
　　を表す字を重ねたもの
　　　　　　　　（高低）

ウ　前の字が後の字を修飾
　　しているもの
　　　　　　　　（洋画）

エ　後の字が前の字の目的
　　語・補語になっている
　　もの　　　　（着席）

オ　前の字が後の字の意味
　　を打ち消している
　　　　　　　　（非常）

□□ 3　吉凶　　　　　　　　　　　　　　　　[　]

□□ 4　未遂　　　　　　　　　　　　　　　　[　]

□□ 5　盛衰　　　　　　　　　　　　　　　　[　]

□□ 6　移籍　　　　　　　　　　　　　　　　[　]

□□ 7　鶏卵　　　　　　　　　　　　　　　　[　]

□□ 8　登壇　　　　　　　　　　　　　　　　[　]

□□ 9　愛憎　　　　　　　　　　　　　　　　[　]

□□ 10　無謀　　　　　　　　　　　　　　　[　]

標準解答　　　解説

1 [イ]
正邪：正しいことと正しくないこと。
構成 正 ⟷ 邪 **対義**
「正しい」と「正しくない」、反対の意味。

2 [ア]
湿潤：水分を多く含んでいること。
構成 湿 ═ 潤 **同義**
「湿っている」と「潤っている」、同じような意味。

3 [イ]
吉凶：縁起がいいことと悪いこと。
構成 吉 ⟷ 凶 **対義**
「縁起がいい」と「縁起が悪い」、反対の意味。

4 [オ]
未遂：まだ成し遂げていないこと。
構成 未 × 遂 **打消**
まだ遂げていない。

5 [イ]
盛衰：物事の勢いが盛んになることと衰えること。
構成 盛 ⟷ 衰 **対義**
「盛んになる」と「衰える」、反対の意味。

6 [エ]
移籍：所属・本籍を他へ移すこと。
構成 移 ⟵ 籍 **目的**
籍を移す。

7 [ウ]
鶏卵：ニワトリのたまご。
構成 鶏 ⟶ 卵 **修飾**
鶏の卵。

8 [エ]
登壇：壇に上がること。演壇にのぼること。
構成 登 ⟵ 壇 **目的**
壇に登る。

9 [イ]
愛憎：愛することと憎むこと。
構成 愛 ⟷ 憎 **対義**
「愛すること」と「憎むこと」、反対の意味。

10 [オ]
無謀：結果をよく考えずに行動すること。
構成 無 × 謀 **打消**
はかりごとがない。謀は「はかりごと」という意味。

読み

同音・同訓異字

漢字識別

熟語の構成

部首

対義語・類義語

送りがな

四字熟語

誤字訂正

書き取り

熟語の構成③

熟語の構成のしかたには◻︎◻︎◻︎内の**ア～オ**のようなものがある。
次の熟語は◻︎◻︎◻︎内の**ア～オ**のどれにあたるか、**一つ**選び、**記号**で答えよ。

◻︎
◻︎ 1　炊飯　　　　　　　　　　　　　　　〔　　〕

◻︎
◻︎ 2　稚魚　　　　　　　　　　　　　　　〔　　〕

◻︎
◻︎ 3　駐車　　　　　　　　　　　　　　　〔　　〕

◻︎
◻︎ 4　疾走　　　　　　　　　　　　　　　〔　　〕

◻︎
◻︎ 5　不吉　　　　　　　　　　　　　　　〔　　〕

◻︎
◻︎ 6　鍛錬　　　　　　　　　　　　　　　〔　　〕

◻︎
◻︎ 7　投獄　　　　　　　　　　　　　　　〔　　〕

◻︎
◻︎ 8　超越　　　　　　　　　　　　　　　〔　　〕

◻︎
◻︎ 9　脅威　　　　　　　　　　　　　　　〔　　〕

◻︎
◻︎10　栄辱　　　　　　　　　　　　　　　〔　　〕

ア	同じような意味の漢字を重ねたもの（岩石）
イ	反対または対応の意味を表す字を重ねたもの（高低）
ウ	前の字が後の字を修飾しているもの（洋画）
エ	後の字が前の字の目的語・補語になっているもの（着席）
オ	前の字が後の字の意味を打ち消しているもの（非常）

1回目	2回目
/10問	/10問

標準解答 / **解 説**

1 [エ]
炊飯：ご飯をたくこと。
構成 炊 ← 飯 目的
飯を炊く。

2 [ウ]
稚魚：卵からかえって間もない魚。
構成 稚 → 魚 修飾
おさない魚。稚は「おさない」という意味。

3 [エ]
駐車：自動車などを一定時間以上とめておくこと。
構成 駐 ← 車 目的
車をとめる。駐は「とどめる」という意味。

4 [ウ]
疾走：非常に速く走ること。
構成 疾 → 走 修飾
はやく走る。疾は「はやい」という意味。

5 [オ]
不吉：縁起が悪いこと。
構成 不 × 吉 打消
吉でない。

6 [ア]
鍛錬：訓練を積んで心身をみがくこと。
構成 鍛 ＝ 錬 同義
どちらも「きたえる」という意味。

7 [エ]
投獄：罪人を刑務所に入れること。
構成 投 ← 獄 目的
獄に投げ込む。獄は「ろうや」という意味。

8 [ア]
超越：普通の程度や範囲を上回ること。
構成 超 ＝ 越 同義
どちらも「こえる」という意味。

9 [ア]
脅威：強い力や勢いで恐れさせること。
構成 脅 ＝ 威 同義
どちらも「おどす」という意味。

10 [イ]
栄辱：ほまれとはずかしめ。
構成 栄 ↔ 辱 対義
「栄誉」と「恥辱」、反対の意味。

読み / 同音・同訓異字 / 漢字識別 / 熟語の構成 / 部首 / 対義語・類義語 / 送りがな / 四字熟語 / 誤字訂正 / 書き取り

41

熟語の構成④

熟語の構成のしかたには□□□内の**ア～オ**のようなものがある。次の熟語は□□□内の**ア～オ**のどれにあたるか、**一つ**選び、**記号**で答えよ。

☐☐ 1　犠牲　　　　　　　　　　　　　　［　　］

☐☐ 2　後悔　　　　　　　　　　　　　　［　　］

ア	同じような意味の漢字を重ねたもの（岩石）
イ	反対または対応の意味を表す字を重ねたもの（高低）
ウ	前の字が後の字を修飾しているもの（洋画）
エ	後の字が前の字の目的語・補語になっているもの（着席）
オ	前の字が後の字の意味を打ち消しているもの（非常）

☐☐ 3　不穏　　　　　　　　　　　　　　［　　］

☐☐ 4　未開　　　　　　　　　　　　　　［　　］

☐☐ 5　択一　　　　　　　　　　　　　　［　　］

☐☐ 6　減刑　　　　　　　　　　　　　　［　　］

☐☐ 7　鼻孔　　　　　　　　　　　　　　［　　］

☐☐ 8　墳墓　　　　　　　　　　　　　　［　　］

☐☐ 9　添削　　　　　　　　　　　　　　［　　］

☐☐ 10　幼稚　　　　　　　　　　　　　　［　　］

標準解答 / 解説

1 [ア]
犠牲：目的のために大事なものをささげること。
構成 犠 ＝＝ 牲 同義
どちらも「いけにえ」という意味。

2 [ウ]
後悔：すでに行った行為を後になって悔やむこと。
構成 後 ─→ 悔 修飾
後で悔やむ。

3 [オ]
不穏：よくないことが起きそうな気配を感じること。
構成 不 × 穏 打消
穏やかでない。

4 [オ]
未開：文明がまだ開けていないこと。
構成 未 × 開 打消
まだ開かれていない。

5 [エ]
択一：二つ以上のものの中から一つを選ぶこと。
構成 択 ←─ 一 目的
一つをえらぶ。

6 [エ]
減刑：刑罰を軽くすること。
構成 減 ←─ 刑 目的
刑を減らす。

7 [ウ]
鼻孔：鼻の穴。
構成 鼻 ─→ 孔 修飾
鼻のあな。孔は「あな」という意味。

8 [ア]
墳墓：はか。
構成 墳 ＝＝ 墓 同義
どちらも「はか」という意味。

9 [イ]
添削：他人の文章などの悪い部分を直すこと。
構成 添 ←→ 削 対義
言葉を「書き加えること」と「削ること」、反対の意味。

10 [ア]
幼稚：考えや行動などが未熟で劣っているさま。
構成 幼 ＝＝ 稚 同義
どちらも「おさない」という意味。

読み　同音・同訓異字　漢字識別　熟語の構成　部首　対義語・類義語　送りがな　四字熟語　誤字訂正　書き取り

43

熟語の構成⑤

熟語の構成のしかたには┊┈┈┊内の**ア～オ**のようなものがある。
次の熟語は┊┈┈┊内の**ア～オ**のどれにあたるか、**一つ選び、記号**で答えよ。

□□ 1　終了　　　　　　　　　　　　　〔　　〕

□□ 2　脱獄　　　　　　　　　　　　　〔　　〕

ア	同じような意味の漢字を重ねたもの（岩石）

□□ 3　巨匠　　　　　　　　　　　　　〔　　〕

イ	反対または対応の意味を表す字を重ねたもの（高低）

□□ 4　不滅　　　　　　　　　　　　　〔　　〕

□□ 5　合掌　　　　　　　　　　　　　〔　　〕

ウ	前の字が後の字を修飾しているもの（洋画）

□□ 6　屈伸　　　　　　　　　　　　　〔　　〕

エ	後の字が前の字の目的語・補語になっているもの（着席）

□□ 7　修繕　　　　　　　　　　　　　〔　　〕

□□ 8　精粗　　　　　　　　　　　　　〔　　〕

オ	前の字が後の字の意味を打ち消しているもの（非常）

□□ 9　基礎　　　　　　　　　　　　　〔　　〕

□□10　選択　　　　　　　　　　　　　〔　　〕

標準解答　　　　　　　解　説

1［ ア ］
終了：物事が終わること。
構成 終＝＝了 同義
どちらも「おわる」という意味。

2［ エ ］
脱獄：囚人が刑務所から脱走すること。
構成 脱←獄 目的
獄を脱する。

3［ ウ ］
巨匠：芸術など専門の分野で優れている人。
構成 巨→匠 修飾
すぐれた職人。巨は「すぐれた」という意味。

4［ オ ］
不滅：のちの世までなくならないこと。
構成 不 × 滅 打消
滅びない。

5［ エ ］
合掌：両方のてのひらを合わせて拝むこと。
構成 合←掌 目的
てのひらを合わせる。

6［ イ ］
屈伸：かがんだり伸びたりすること。
構成 屈←→伸 対義
「かがむ」と「伸びる」、反対の意味。

7［ ア ］
修繕：壊れたところを直すこと。
構成 修＝＝繕 同義
どちらも「なおす」という意味。

8［ イ ］
精粗：細かいことと粗いこと。
構成 精←→粗 対義
「精密」と「粗雑」、反対の意味。

9［ ア ］
基礎：建築物の土台。物事のおおもと。
構成 基＝＝礎 同義
どちらも「もと。どだい。」という意味。

10［ ア ］
選択：適当なものを選び取ること。
構成 選＝＝択 同義
どちらも「えらぶ」という意味。

読み

同音・同訓異字

漢字識別

熟語の構成

部首

対義語・類義語

送りがな

四字熟語

誤字訂正

書き取り

部首①

次の漢字の**部首**を**ア**〜**エ**から**一つ**選び、**記号**で答えよ。

☐☐ **1** 棋 (ア 甘 イ 木 ウ ハ エ 一) [　]

☐☐ **2** 藩 (ア ⧺ イ 氵 ウ 田 エ 釆) [　]

☐☐ **3** 岳 (ア 一 イ ノ ウ 斤 エ 山) [　]

☐☐ **4** 膜 (ア 日 イ ⧺ ウ 月 エ 大) [　]

☐☐ **5** 赴 (ア 土 イ 走 ウ ト エ 疋) [　]

☐☐ **6** 痘 (ア 豆 イ 丶 ウ 疒 エ 广) [　]

☐☐ **7** 搾 (ア 宀 イ 穴 ウ 扌 エ ハ) [　]

☐☐ **8** 契 (ア 刀 イ 彐 ウ 人 エ 大) [　]

☐☐ **9** 逮 (ア 氺 イ 隶 ウ 丨 エ 辶) [　]

☐☐ **10** 婿 (ア 冂 イ 疋 ウ 月 エ 女) [　]

標準解答　　　解　説

1 [イ]　部首(部首名) 木（きへん）
✎ 木の漢字例：概、楼　など

2 [ア]　部首(部首名) 艹（くさかんむり）
✎ 艹の漢字例：華、苗、芳　など

3 [エ]　部首(部首名) 山（やま）
✎ 山の漢字例：崩、岡　など

4 [ウ]　部首(部首名) 月（にくづき）
✎ 月の漢字例：肝、胎、胆　など

5 [イ]　部首(部首名) 走（そうにょう）
✎ 走の漢字例：超、趣　など

6 [ウ]　部首(部首名) 疒（やまいだれ）
✎ 疒の漢字例：疾、癖　など

7 [ウ]　部首(部首名) 扌（てへん）
✎ 扌の漢字例：掛、揺　など

8 [エ]　部首(部首名) 大（だい）
✎ 大の漢字例：奪、奉　など

9 [エ]　部首(部首名) 辶（しんにょう・しんにゅう）
✎ 辶の漢字例：遇、遂　など

10 [エ]　部首(部首名) 女（おんなへん）
✎ 女の漢字例：姫、嫁　など

右端縦書き見出し：読み／同音・同訓異字／漢字識別／熟語の構成／**部首**／対義語・類義語／送りがな／四字熟語／誤字訂正／書き取り

※辞典や参考書により、部首や部首名の表記が異なる場合がありますが、「漢検」では定められた
部首・部首名で解答する必要があります。採点基準は巻頭ページをご覧ください。

部首②

次の漢字の**部首**を**ア**〜**エ**から**一つ**選び、**記号**で答えよ。

□□ 1 宴 (ア 女 イ 日 ウ 宀 エ 宀) [　　]

□□ 2 葬 (ア 歹 イ 艹 ウ 廾 エ ヒ) [　　]

□□ 3 匠 (ア 一 イ 匚 ウ ノ エ 斤) [　　]

□□ 4 牲 (ア 生 イ 扌 ウ 土 エ 牛) [　　]

□□ 5 斥 (ア ノ イ 一 ウ 丨 エ 斤) [　　]

□□ 6 餓 (ア 食 イ 戈 ウ 一 エ 弋) [　　]

□□ 7 彫 (ア 冂 イ 土 ウ 口 エ 彡) [　　]

□□ 8 賊 (ア 貝 イ 十 ウ 戈 エ 丶) [　　]

□□ 9 翻 (ア 釆 イ 米 ウ 羽 エ 田) [　　]

□□ 10 膨 (ア 豆 イ 士 ウ 月 エ 彡) [　　]

48

標準解答　　　　　解　説

1 [エ] **部首(部首名)** 宀（うかんむり）
✒宀の漢字例：審、寂　など

2 [イ] **部首(部首名)** 艹（くさかんむり）
✒艹の漢字例：華、苗、芳　など

3 [イ] **部首(部首名)** 匚（はこがまえ）
✒常用漢字で匚を部首とする漢字は匠のみ。

4 [エ] **部首(部首名)** 牜（うしへん）
✒牜の漢字例：犠、特　など

5 [エ] **部首(部首名)** 斤（きん）
✒斤の漢字例：斤

6 [ア] **部首(部首名)** 𩙿（しょくへん）
✒𩙿の漢字例：飽、飾　など

7 [エ] **部首(部首名)** 彡（さんづくり）
✒彡の漢字例：影、彩　など

8 [ア] **部首(部首名)** 貝（かいへん）
✒貝の漢字例：贈、販　など

9 [ウ] **部首(部首名)** 羽（はね）
✒羽の漢字例：翼、翌　など

10 [ウ] **部首(部首名)** 月（にくづき）
✒月の漢字例：肝、胎、胆　など

読み

同音・同訓異字

漢字識別

熟語の構成

部首

対義語・類義語

送りがな

四字熟語

誤字訂正

書き取り

対義語・類義語①

[____]内のひらがなを漢字に直して□に入れ、**対義語・類義語**を作れ。[____]内のひらがなは一度だけ使い、**漢字一字**で答えよ。

	対義語		[ ]
□□ 1	具体－□象		[ ]
□□ 2	抑制－促□		[ ]
□□ 3	善良－□悪		[ ]
□□ 4	乾燥－湿□		[ ]
□□ 5	実在－□空		[ ]

あつ
か
さん
じ
じゃ
じゅん
しん
ちゅう
ひん
やく

	類義語		[ ]
□□ 6	平定－鎮□		[ ]
□□ 7	野卑－下□		[ ]
□□ 8	官吏－□人		[ ]
□□ 9	激賞－絶□		[ ]
□□ 10	携帯－所□		[ ]

標準解答	解　説
1 〔 抽 〕	**具体**：確かめられる形を備えていること。 **抽象**：個々のものから、共通する要素を取り出して、一般的な概念をつくること。
2 〔 進 〕	**抑制**：盛んになろうとする勢いをおさえとどめること。 **促進**：物事がはかどるようにうながすこと。
3 〔 邪 〕	**善良**：よい性質。正直でまじめなこと。 **邪悪**：心がねじけているさま。不正で悪意のあること。
4 〔 潤 〕	**乾燥**：水分がなく、かわいていること。 **湿潤**：水分を多く含んでいること。
5 〔 架 〕	**実在**：本当にいること。 **架空**：想像でつくりだすこと。
6 〔 圧 〕	**平定**：乱をおさめ、世を平らげること。 **鎮圧**：暴動や戦乱をおさえしずめること。
7 〔 品 〕	**野卑**：低俗でいやしいさま。 **下品**：気高さがなく、いやしいさま。
8 〔 役 〕	**官吏**：国の省庁などで公務を行う人。 **役人**：国や地方自治体の機関に勤める人。
9 〔 賛 〕	**激賞**：大いにほめること。 **絶賛**：この上なくほめたたえること。
10 〔 持 〕	**携帯**：身につけてもち歩くこと。 **所持**：もっていること。携帯していること。

読み

同音・同訓異字

漢字識別

熟語の構成

部首

対義語・類義語

送りがな

四字熟語

誤字訂正

書き取り

51

対義語・類義語②

内のひらがなを漢字に直して□に入れ、**対義語・類義語**を作れ。内のひらがなは一度だけ使い、**漢字一字**で答えよ。

		対義語	[ ]
□□	1	栄達－零□	[ ]
□□	2	違反－遵□	[ ]
□□	3	厳寒－□暑	[ ]
□□	4	釈放－□束	[ ]
□□	5	必然－□然	[ ]

えん
ぐう
けつ
ご
こう
しゅ
とう
び
ま
らく

		類義語	[ ]
□□	6	派手－華□	[ ]
□□	7	決心－覚□	[ ]
□□	8	不足－□如	[ ]
□□	9	妨害－邪□	[ ]
□□	10	熱中－没□	[ ]

標準解答   解 説

1 [落]
栄達：高い地位にのぼること。出世すること。
零落：おちぶれること。

2 [守]
違反：法律や規則などに従わないこと。
遵守：規則などに背かず忠実に従うこと。

3 [炎]
厳寒：非常に厳しい寒さ。
炎暑：真夏の焼けつくような厳しい暑さ。

4 [拘]
釈放：捕らえられている者を許して自由にすること。
拘束：行動・意志の自由を奪うこと。

5 [偶]
必然：必ずそうなること。
偶然：思いがけないことが起こるさま。

6 [美]
派手：はなやかで目立つこと。おおげさなこと。
華美：ぜいたくで、はなやかなこと。

7 [悟]
決心：強く心に決めること。
覚悟：重大な事柄を目前にして心構えをすること。

8 [欠]
不足：足りないこと。
欠如：あるべきものが、かけていること。

9 [魔]
妨害：さまたげること。
邪魔：物事の進行をさまたげること。

10 [頭]
熱中：熱心に、一つのことに心を向けること。
没頭：他のことを忘れ、一つのことに集中すること。

読み
同音・同訓異字
漢字識別
熟語の構成
部首
対義語・類義語
送りがな
四字熟語
誤字訂正
書き取り

53

対義語・類義語③

内のひらがなを漢字に直して□に入れ、**対義語・類義語**を作れ。内のひらがなは一度だけ使い、**漢字一字**で答えよ。

□□ 1		快諾 ― □辞		〔　　〕
□□ 2	対義語	潤沢 ― □乏	おう	〔　　〕
□□ 3		卑屈 ― □大	ぐ	〔　　〕
□□ 4		賢明 ― 暗□	けつ	〔　　〕
□□ 5		公開 ― 秘□	こ	〔　　〕
□□ 6		明白 ― □然	ざ	〔　　〕
□□ 7	類義語	傍観 ― □視	さい	〔　　〕
□□ 8		怠慢 ― □着	そん	〔　　〕
□□ 9		外見 ― 体□	とく	〔　　〕
□□ 10		繁栄 ― □盛	りゅう れき	〔　　〕

おう ぐ けつ こ ざ さい そん とく りゅう れき

54

標準解答　　　　解　説

1 [固]
快諾：気持ちよく承知すること。
固辞：いくらすすめられても断り続けること。

2 [欠]
潤沢：うるおい豊かなこと。
欠乏：必要な物が不足すること。

3 [尊]
卑屈：自信がなく、必要以上に人にこびること。
尊大：おごりたかぶること。

4 [愚]
賢明：判断が適切で、優れていること。
暗愚：物事の道理がわからずおろかなこと。

5 [匿]
公開：利用や見聞ができるように、一般の人々に開放すること。
秘匿：ひそかに隠しておくこと。

6 [歴]
明白：はっきりしていて、疑いのないこと。
歴然：まぎれもなく明らかなさま。

7 [座]
傍観：そばでただ見ていること。
座視：黙って見ているだけで、手出しをしないこと。

8 [横]
怠慢：するべきことをしないこと。
横着：しなければならないことをせずに、なまけて楽をしていること。

9 [裁]
外見：外から見た様子。
体裁：自分の姿や状態について、世間の人が見たときの感じ。

10 [隆]
繁栄：著しく発展すること。
隆盛：勢いがさかんなこと。

読み / 同音・同訓異字 / 漢字識別 / 熟語の構成 / 部首 / **対義語・類義語** / 送りがな / 四字熟語 / 誤字訂正 / 書き取り

対義語・類義語④

[____]内のひらがなを漢字に直して□に入れ、**対義語・類義語**を作れ。[____]内のひらがなは一度だけ使い、**漢字一字**で答えよ。

□□ 1	対義語	難解－平□	[　　]
□□ 2		興隆－□退	[　　]
□□ 3		辞退－承□	[　　]
□□ 4		率先－□随	[　　]
□□ 5		興奮－鎮□	[　　]
□□ 6	類義語	高低－起□	[　　]
□□ 7		名残－□情	[　　]
□□ 8		征伐－退□	[　　]
□□ 9		処置－□置	[　　]
□□ 10		我慢－□抱	[　　]

い
じ
しん
すい
せい
そ
だく
つい
ふく
よ

56

（標準解答）　　（解　説）

1 [易]
難解：難しくてわかりにくいこと。
平易：わかりやすく、簡単なこと。

2 [衰]
興隆：物事がおこり、盛んになること。
衰退：おとろえて、くずれていくこと。

3 [諾]
辞退：遠慮して身を引くこと。
承諾：他人の願いや要求などを引き受けること。

4 [追]
率先：自分から先に立って物事を行うこと。
追随：人のあとに付き従うこと。

5 [静]
興奮：刺激によって感情が高ぶること。
鎮静：気持ちがしずまり落ち着くこと。

6 [伏]
高低：高いことと低いこと。
起伏：地面が高くなったり低くなったりしていること。

7 [余]
名残：物事が過ぎ去った後に残る気分や気配。
余情：後まで残るしみじみとした味わい。

8 [治]
征伐：兵力を用いて反逆者や悪人などを攻め討つこと。
退治：害をなすものをうち滅ぼすこと。

9 [措]
処置：判断を下して物事に始末をつけること。
措置：解決するように取り計らうこと。

10 [辛]
我慢：たえしのぶこと。
辛抱：つらさや苦しさをこらえること。

読み

同音・同訓異字

漢字識別

熟語の構成

部首

対義語・類義語

送りがな

四字熟語

誤字訂正

書き取り

対義語・類義語⑤

内のひらがなを漢字に直して□に入れ、**対義語・類義語**を作れ。 内のひらがなは一度だけ使い、**漢字一字**で答えよ。

□□ 1		保守―□新	[ ]
□□ 2		進展―停□	[ ]
□□ 3	対義語	侵害―擁□	[ ]
□□ 4		故意―過□	[ ]
□□ 5		安定―動□	[ ]
□□ 6		出納―□支	[ ]
□□ 7		重体―□篤	[ ]
□□ 8	類義語	関与―□入	[ ]
□□ 9		借金―□債	[ ]
□□ 10		手柄―功□	[ ]

かい
かく
き
ご
しつ
しゅう
せき
たい
ふ
よう

標準解答 | 解説

1 〔 革 〕
保守：従来の制度や伝統を尊重し、守ること。
革新：従来の組織・制度・慣習などを改めて新しくすること。

2 〔 滞 〕
進展：物事や事態が進行し発展すること。
停滞：物事が同じ場所や状態にとどまり、進まないこと。

3 〔 護 〕
侵害：他人の権利をおかして損害を与えること。
擁護：大切にかばい、まもること。

4 〔 失 〕
故意：わざとすること。
過失：不注意によるあやまち。

5 〔 揺 〕
安定：はなはだしい変動もなく落ち着いていること。
動揺：不安で落ち着かないこと。

6 〔 収 〕
出納：金銭や物品の出し入れ。
収支：収入と支出。

7 〔 危 〕
重体：病気やけがが重く、命があぶないこと。
危篤：病気やけがが重く、差し迫って命があぶないこと。

8 〔 介 〕
関与：物事に関係すること。たずさわること。
介入：第三者が、争いやもめごとなどの間に割り込むこと。

9 〔 負 〕
借金：金を借りること。
負債：他から金銭を借りて、返済の義務をおうこと。

10 〔 績 〕
手柄：人からほめられるような立派な働き。
功績：優れた働きや、よい結果。

読み

同音・同訓異字

漢字識別

熟語の構成

部首

対義語・類義語

送りがな

四字熟語

誤字訂正

書き取り

送りがな①

次の——線の**カタカナ**を**漢字一字**と**送りがな**（**ひらがな**）に直せ。
〈例〉問題に**コタエル**。〔 答える 〕

□ 1 **ナマケル**ことなく学び続ける。　〔　　　　〕

□ 2 海外の島々を**メグル**旅に出る。　〔　　　　〕

□ 3 責任を**ノガレル**ことはできない。　〔　　　　〕

□ 4 夕方の散歩を毎日**カカサ**ない。　〔　　　　〕

□ 5 医者に外出を**ヒカエル**よう言われた。〔　　　　〕

□ 6 ズボンのすそが地面に**スレル**。　〔　　　　〕

□ 7 説明不足で小さな誤解を**マネイ**た。　〔　　　　〕

□ 8 冷たいわき水でのどを**ウルオシ**た。　〔　　　　〕

□ 9 恩師の笛の指導は**キビシカッ**た。　〔　　　　〕

□ 10 足取りも**カロヤカニ**外へ出て行った。〔　　　　〕

標準解答　　　　　解　説

1 [怠ける]

怠ける：するべきことをしない。働かない。
他の例 怠る

2 [巡る]

巡る：あちこちまわって歩く。

3 [逃れる]

逃れる：追っ手や困難から離れる。
他の例 逃げる、逃がす、逃す

4 [欠かさ]

欠かす：おこたる。なしで済ます。
他の例 欠ける
よくある✕ 欠さ

5 [控える]

控える：度を越さないように少なめにする。
見合わせる。

6 [擦れる]

擦れる：こすれる。
他の例 擦る

7 [招い]

招く：引き起こす。特に、好ましくない結果
を生む。

8 [潤し]

潤す：水分を与える。湿らせる。
他の例 潤う、潤む

9 [厳しかっ]

厳しい：いいかげんなことを許さない。程度
がはなはだしい。
他の例 厳か

10 [軽やかに]

軽やかだ：かるそうなさま。
他の例 軽い

読み　同音・同訓異字　漢字識別　熟語の構成　部首　対義語・類義語　**送りがな**　四字熟語　誤字訂正　書き取り

送りがな②

次の──線の**カタカナ**を**漢字一字**と**送りがな（ひらがな）**に直せ。
〈例〉問題に**コタエル**。〔 答える 〕

☐☐ 1 師匠の積年の恩義に**ムクイル**。 〔　　　　　〕

☐☐ 2 驚異的な**ネバリ**で逆転した。 〔　　　　　〕

☐☐ 3 すばらしい演技で脚光を**アビル**。 〔　　　　　〕

☐☐ 4 **シメッ**たタオルを干して乾かす。 〔　　　　　〕

☐☐ 5 健康のため適度な運動を**ウナガス**。 〔　　　　　〕

☐☐ 6 熱い湯を時間をかけて**サマス**。 〔　　　　　〕

☐☐ 7 昨日の強風で庭の古木が**タオレ**た。 〔　　　　　〕

☐☐ 8 時間がかかっても**カマワ**ない。 〔　　　　　〕

☐☐ 9 **アツカマシイ**依頼をされてあきれる。〔　　　　　〕

☐☐ 10 彼には**ウタガワシイ**言動が多い。 〔　　　　　〕

標準解答　　　解　説

1 [報いる]
報いる：人から受けた物事に対して、こたえる。

2 [粘り]
粘り：がまん強く持ちこたえること。

3 [浴びる]
浴びる：言葉や視線をたくさん受ける。
他の例 浴びせる

4 [湿っ]
湿る：水気を含んでしっとりする。
他の例 湿す

5 [促す]
促す：行動するようにしむける。

6 [冷ます]
冷ます：熱いものの温度を下げる。
他の例 冷たい、冷える、冷や、冷やす、冷やかす、冷める

7 [倒れ]
倒れる：立っていたものが横になる。
他の例 倒す

8 [構わ]
構う：かかわる。気にする。
他の例 構える

9 [厚かましい]
厚かましい：ずうずうしい。遠慮や恥を知らない。
ある✕ 厚しい

10 [疑わしい]
疑わしい：真実かどうか信用できない。
ある✕ 疑しい

読み / 同音・同訓異字 / 漢字識別 / 熟語の構成 / 部首 / 対義語・類義語 / 送りがな / 四字熟語 / 誤字訂正 / 書き取り

送りがな③

次の――線の**カタカナ**を**漢字一字**と**送りがな**（**ひらがな**）に直せ。
〈例〉問題に**コタエル**。〔 答える 〕

□□ 1 知将は味方も**アザムク**作戦に出た。 〔　　　　〕

□□ 2 広場に**ツドッ**て会話を楽しむ。 〔　　　　〕

□□ 3 負担を**シイル**のはよくない。 〔　　　　〕

□□ 4 自分勝手な主張を**シリゾケル**。 〔　　　　〕

□□ 5 花の香りが**タダヨッ**ている。 〔　　　　〕

□□ 6 会議を開いて校則を**アラタメ**た。 〔　　　　〕

□□ 7 長い距離を歩いて**ツカレ**ている。 〔　　　　〕

□□ 8 ひそかに反乱を**クワダテル**。 〔　　　　〕

□□ 9 **メズラシク**雨が降り続いている。 〔　　　　〕

□□ 10 **キヨラカナ**川が村を流れている。 〔　　　　〕

（標準解答）　　　　　（解　説）

1 [欺く] 欺く：だます。

2 [集っ] 集う：一か所に寄り合う。
他の例 集まる、集める

3 [強いる] 強いる：無理やりさせる。
他の例 強い、強まる、強める

4 [退ける] 退ける：引き下がらせる。こばむ。
他の例 退く

5 [漂っ] 漂う：ある気配やにおいなどがその場に満ちる。

6 [改め] 改める：新しいものにする。
他の例 改まる

7 [疲れ] 疲れる：精力や体力を使い果たして、体や神経が弱る。

8 [企てる] 企てる：物事を計画する。もくろむ。

9 [珍しく] 珍しい：めったにない。まれである。
ある× 珍らしく

10 [清らかな] 清らかだ：澄みきって美しいさま。
他の例 清まる、清める

読み

同音・同訓異字

漢字識別

熟語の構成

部首

対義語・類義語

送りがな

四字熟語

誤字訂正

書き取り

送りがな④

次の──線の**カタカナ**を**漢字一字**と**送りがな（ひらがな）**に直せ。
〈例〉問題に**コタエル**。〔 答える 〕

☐☐ **1** ウサギが勢いよく**ハネル**。　　　〔　　　　　〕

☐☐ **2** 僧に**ミチビカ**れて境内を歩く。　　〔　　　　　〕

☐☐ **3** 月光が夜道を**テラシ**ている。　　　〔　　　　　〕

☐☐ **4** どんな**オドシ**にも屈しない。　　　〔　　　　　〕

☐☐ **5** 茶畑に日よけの**オオイ**を掛ける。　〔　　　　　〕

☐☐ **6** 微笑を**タヤサ**ない人だ。　　　　　〔　　　　　〕

☐☐ **7** 力が**ツキル**まで戦う。　　　　　　〔　　　　　〕

☐☐ **8** 政界で不動の地位を**キズイ**た。　　〔　　　　　〕

☐☐ **9** ささやかな**アキナイ**を続けている。〔　　　　　〕

☐☐ **10** 腹部に**ニブイ**痛みを感じる。　　　〔　　　　　〕

1回目	2回目
/10問	/10問

（標準解答）　　　（解　説）

1 [跳ねる]
跳ねる：とび上がる。おどり上がる。
他の例 跳ぶ

2 [導か]
導く：道案内をする。

3 [照らし]
照らす：光を当てて明るくする。
他の例 照る、照れる
ある✕ 照し

4 [脅し]
脅し：相手を恐れさせること。
他の例 脅かす　など

5 [覆い]
覆い：一面に広がって、下のものを見えなくするもの。

6 [絶やさ]
絶やす：すっかりなくす。
他の例 絶える、絶つ
ある✕ 絶さ

7 [尽きる]
尽きる：だんだん減っていき、ついになくなる。
他の例 尽くす、尽かす

8 [築い]
築く：努力などを積み重ねてつくる。
ある✕ 築いた…──線部分がどこまでかをよく確認しよう。

9 [商い]
商い：品物を仕入れて売ること。
ある✕ 商ない

10 [鈍い]
鈍い：感覚を刺激する力が弱い。
他の例 鈍る

四字熟語①

文中の**四字熟語**の――線の**カタカナ**を**漢字二字**に直せ。

☐☐ 1 　より一層の**フンレイ**努力をする。　　　　[　　　]

☐☐ 2 　**悪戦クトウ**の末に勝利した。　　　　　　[　　　]

☐☐ 3 　美容と健康の**一挙リョウトク**をねらう。　[　　　]

☐☐ 4 　人事に**活殺ジザイ**の腕を振るった。　　　[　　　]

☐☐ 5 　**空前ゼツゴ**のヒット商品だ。　　　　　　[　　　]

☐☐ 6 　**ココン東西**の美術品を集める。　　　　　[　　　]

☐☐ 7 　試験の結果に**失望ラクタン**する。　　　　[　　　]

☐☐ 8 　**シタサキ三寸**で言いくるめた。　　　　　[　　　]

☐☐ 9 　人の考えは**センサ万別**である。　　　　　[　　　]

☐☐ 10 **ソウイ工夫**を凝らした作品が並ぶ。　　　[　　　]

標準解答　　　解　説

1 [奮励]
奮励努力：気力をふるい立たせて努めはげむこと。

2 [苦闘]
悪戦苦闘：困難を乗りこえようと非常な努力をすること。
✎ 手ごわい敵と死にものぐるいで戦う意味。

3 [両得]
一挙両得：一つのことをするだけで、同時に二つの利益が手に入ること。
✎「一挙」は一つの動作・行動。

4 [自在]
活殺自在：生かすも殺すも思いのままということ。
✎「自在」は自分の思いのままという意味。

5 [絶後]
空前絶後：きわめて珍しいこと。
✎「空前」は以前に例がないこと、「絶後」は以後二度と同じ例は見られないこと。

6 [古今]
古今東西：いつでもどこでも。
✎「古今」は昔から今に至るまでいつでも、「東西」は東方西方あらゆる場所でという意味。

7 [落胆]
失望落胆：希望を失い、非常にがっかりすること。
✎「失望」も「落胆」も気落ちするという意味。

8 [舌先]
舌先三寸：くちだけでうまく相手をあしらったり、丸め込んだりすること。

9 [千差]
千差万別：いろいろな違いがあって、一つとして同じものがないさま。
✎「千」「万」は数が多いことを表す。

10 [創意]
創意工夫：新しいことを考え出し、いろいろな手段を巡らすこと。
✎「創意」は新しい考え・思いつき。

四字熟語②

文中の**四字熟語**の——線の**カタカナ**を**漢字二字**に直せ。

☐☐ 1 彼の包丁さばきは**デンコウ**石火の早業だ。 [　　　]

☐☐ 2 **不老チョウジュ**の夢にとらわれる。 [　　　]

☐☐ 3 祖父から**立身シュッセ**の話を聞く。 [　　　]

☐☐ 4 成功談を**得意マンメン**に語る。 [　　　]

☐☐ 5 **オメイ返上**に意欲を燃やす。 [　　　]

☐☐ 6 **ムガ夢中**で外に飛びだした。 [　　　]

☐☐ 7 情勢は**暗雲テイメイ**している。 [　　　]

☐☐ 8 **イタイ同心**の仲間と支え合う。 [　　　]

☐☐ 9 株価の変動に**イッキ一憂**する。 [　　　]

☐☐ 10 僧が**因果オウホウ**の教えを説く。 [　　　]

	標準解答	解　説

1 〔 電光 〕
電光石火：動作や振る舞いが非常にすばやいこと。
✎「石火」は火打ち石などを打つときにでる火。

2 〔 長寿 〕
不老長寿：いつまでも年を取らずに、ながく生きること。

3 〔 出世 〕
立身出世：高い地位に就き、社会の人々に認められること。

4 〔 満面 〕
得意満面：思いどおりになり、誇らしげな様子が顔いっぱいに表れること。

5 〔 汚名 〕
汚名返上：新たに成功をすることで、悪い評判を退けること。

6 〔 無我 〕
無我夢中：あることに没頭して自分を忘れること。

7 〔 低迷 〕
暗雲低迷：前途不安な状態が続くこと。
✎もとは雲が垂れこめて、先が見えない様子。

8 〔 異体 〕
異体同心：からだは別なものでも、心は一つに固く結ばれていること。
✎特に夫婦の間柄に多く用いる。

9 〔 一喜 〕
一喜一憂：様子が変わるたびによろこんだり不安に思ったりすること。

10 〔 応報 〕
因果応報：人の行いの善悪に応じてそのむくいがあらわれること。
✎もとは仏教の語。

読み
同音・同訓異字
漢字識別
熟語の構成
部首
対義語・類義語
送りがな
四字熟語
誤字訂正
書き取り

71

四字熟語③

文中の**四字熟語**の——線の**カタカナ**を**漢字二字**に直せ。

☐☐ 1 　**円転カツダツ**に仕事をこなす。　　　[　　　　]

☐☐ 2 　**温故チシン**の精神で古典を学ぶ。　　[　　　　]

☐☐ 3 　京都の**カチョウ風月**にあこがれる。　[　　　　]

☐☐ 4 　**器用ビンボウ**でいつも損をする。　　[　　　　]

☐☐ 5 　**ガデン引水**なやり方が批判された。　[　　　　]

☐☐ 6 　暗い気分もすぐに**雲散ムショウ**した。[　　　　]

☐☐ 7 　投手の**イッキョ一動**を見守る。　　　[　　　　]

☐☐ 8 　**カンコン葬祭**のマナーを学ぶ。　　　[　　　　]

☐☐ 9 　**カンキュウ自在**の演奏に聴きほれる。[　　　　]

☐☐ 10 **奇想テンガイ**な発言に驚く。　　　　[　　　　]

標準解答　　　　　解説

1 [滑脱]
えんてんかつだつ
円転滑脱：物事をすらすら処理していくこと。
✎ もとは角を立てずなめらかに運ぶ意味。

2 [知新]
おんこちしん
温故知新：昔の事柄を調べて、あらたな道理などを得ること。

3 [花鳥]
かちょうふうげつ
花鳥風月：自然の風景・風物。自然の美しさのたとえ。

4 [貧乏]
きようびんぼう
器用貧乏：器用なためにあちこち手を出し、かえって中途はんぱとなり大成しないこと。

5 [我田]
がでんいんすい
我田引水：自分の都合のいいように考えたり、事を進めたりすること。
✎ もとは自分のたんぼだけに水を引く意味。

6 [霧消]
うんさんむしょう
雲散霧消：雲が散り、きりがきえるように、跡形もなくきえてしまうこと。

7 [一挙]
いっきょいちどう
一挙一動：一つ一つの動作や振る舞い。
類 一挙手一投足

8 [冠婚]
かんこんそうさい
冠婚葬祭：祝い事やとむらい事などの儀式の総称。
✎ 「冠」は元服、「祭」は先祖の祭りを表す。

9 [緩急]
かんきゅうじざい
緩急自在：速度などを遅くしたり速くしたりして、思うままに操ること。

10 [天外]
きそうてんがい
奇想天外：思いもよらないような奇抜なこと。
✎ 「天外」ははるかかなたの空で、思いもよらない所の意味。

読み　同音・同訓異字　漢字識別　熟語の構成　部首　対義語・類義語　送りがな　**四字熟語**　誤字訂正　書き取り

四字熟語④

文中の**四字熟語**の──線の**カタカナ**を**漢字二字**に直せ。

☐☐ 1 旧友と再会できて**カンガイ**無量だ。 [　　　]

☐☐ 2 **キシ回生**のヒット商品が出た。 [　　　]

☐☐ 3 総会は**ギロン百出**で混乱した。 [　　　]

☐☐ 4 喜怒**アイラク**が顔に出やすい性格だ。[　　　]

☐☐ 5 危機**イッパツ**のところで脱出した。 [　　　]

☐☐ 6 **キュウテン直下**で和解が成立した。 [　　　]

☐☐ 7 意気**ショウテン**の勢いで大会に臨む。[　　　]

☐☐ 8 展示作品は**ギョクセキ混交**だ。 [　　　]

☐☐ 9 自暴**ジキ**になってはならない。 [　　　]

☐☐ 10 **キンジョウ鉄壁**の守りで迎え撃つ。 [　　　]

標準解答　　　　　　　解　説

1 [感慨]
感慨無量（かんがいむりょう）：はかりしれないほど身にしみて思いにひたること。

2 [起死]
起死回生（きしかいせい）：絶望的な状況を、一気によい方向へ立て直すこと。

3 [議論]
議論百出（ぎろんひゃくしゅつ）：さまざまな意見が戦わされること。
✐「百」は数が多いことを表す。

4 [哀楽]
喜怒哀楽（きどあいらく）：人間の持っているさまざまな気持ち。喜び・怒り・かなしみ・たのしみの四つの情のこと。

5 [一髪]
危機一髪（ききいっぱつ）：非常に危ない状態。
✐かみの毛一本ほどの、ほんのわずかな違いで、危険な状態におちいるという意味。

6 [急転]
急転直下（きゅうてんちょっか）：事態・情勢が一気に変化して、物事が解決し決着がつくこと。

7 [衝天]
意気衝天（いきしょうてん）：この上なく意気込みが盛んなこと。
✐「衝天」は天を突き上げるという意味から、勢いの盛んなことを表す。

8 [玉石]
玉石混交（ぎょくせきこんこう）：優れているものと劣っているものが区別されずに混ざっていること。
✐「玉」は宝石を表す。

9 [自棄]
自暴自棄（じぼうじき）：すてばち、やけくそになること。物事がうまくいかず、希望を失って投げやりな行動をとること。

10 [金城]
金城鉄壁（きんじょうてっぺき）：非常に堅固で、つけ込むすきがないこと。

読み
同音・同訓異字
漢字識別
熟語の構成
部首
対義語・類義語
送りがな
四字熟語
誤字訂正
書き取り

四字熟語⑤

文中の**四字熟語**の——線の**カタカナ**を**漢字二字**に直せ。

□□ 1 この力士は**古今ムソウ**の強さだ。 [　　　]

□□ 2 史跡の**故事ライレキ**を調べる。 [　　　]

□□ 3 選手を**コブ激励**する。 [　　　]

□□ 4 **サンカン四温**の日々が続く。 [　　　]

□□ 5 **コウシ混同**は避けるべきだ。 [　　　]

□□ 6 もめごとが**一件ラクチャク**した。 [　　　]

□□ 7 **シコウ錯誤**の末、ようやく完成した。[　　　]

□□ 8 出会ってすぐに**意気トウゴウ**した。 [　　　]

□□ 9 仕事の成果を**ジガ自賛**する。 [　　　]

□□ 10 新しい事業は**順風マンパン**だ。 [　　　]

標準解答　　　　　　解　説

1 〔 無双 〕
古今無双：昔から今に至るまで、匹敵するものがないこと。

2 〔 来歴 〕
故事来歴：物事の由来や歴史。また、物事がそういう結果になった理由やいきさつ。

3 〔 鼓舞 〕
鼓舞激励：盛んに奮い立たせ励ますこと。
✎「鼓舞」は、たいこを打って舞を舞う（おどる）ことから転じて、元気づける意味。

4 〔 三寒 〕
三寒四温：冬にさむい日が三日続いた後、四日暖かい日が続くこと。徐々に春が近づくこと。

5 〔 公私 〕
公私混同：おおやけ事とわたくし事を区別せず、いっしょにしてしまうこと。

6 〔 落着 〕
一件落着：一つの事柄や事件が解決すること。

7 〔 試行 〕
試行錯誤：こころみと失敗を繰り返しながら、次第に適切な方法を見つけること。

8 〔 投合 〕
意気投合：互いの気持ちや考えなどがぴったりとあうこと。

9 〔 自画 〕
自画自賛：自分のことを、自分でほめること。
✎もとは他人に書いてもらう「賛」（絵に添える詩文のこと）を自分で書く意味。

10 〔 満帆 〕
順風満帆：物事が順調に進んでいるさま。
✎帆いっぱいに風を受けて船が順調に進むという意味。

読み

同音・同訓異字

漢字識別

熟語の構成

部首

対義語・類義語

送りがな

四字熟語

誤字訂正

書き取り

四字熟語⑥

文中の**四字熟語**の――線の**カタカナ**を**漢字二字**に直せ。

□□ 1 国内外で**縦横ムジン**に活躍する。 [　　　]

□□ 2 **タンジュン明快**な文章を心がける。 [　　　]

□□ 3 **深山ユウコク**の趣がある。 [　　　]

□□ 4 **神出キボツ**の怪盗が捕まった。 [　　　]

□□ 5 組合は**四分ゴレツ**の状態だった。 [　　　]

□□ 6 **進取カカン**に物事に取り組む。 [　　　]

□□ 7 難局を**イットウ両断**に解決した。 [　　　]

□□ 8 **セイコウ雨読**の生活をしてみたい。 [　　　]

□□ 9 **セイレン潔白**な人物と評価される。 [　　　]

□□ 10 **センキャク万来**の一日を過ごす。 [　　　]

標準解答 　　　 解　説

1 ［ 無尽 ］ 縦横無尽：自由自在に振る舞うさま。また、思う存分振る舞うさま。

2 ［ 単純 ］ 単純明快：はっきりしていてわかりやすいこと。

3 ［ 幽谷 ］ 深山幽谷：人のいない、奥深く静かな自然のこと。

4 ［ 鬼没 ］ 神出鬼没：自由自在に現れたり隠れたりすること。

5 ［ 五裂 ］ 四分五裂：ばらばらになってしまうこと。調和が乱れているさま。

6 ［ 果敢 ］ 進取果敢：物事に積極的に取り組み、決断力に富んでいること。

7 ［ 一刀 ］ 一刀両断：物事を思い切って処理すること。
✏ かたなを一度ふるうだけで物を真っ二つに断ち切る意味。

8 ［ 晴耕 ］ 晴耕雨読：ゆったりした生活を送ること。
✏ はれた日は畑をたがやし、雨の日は家にこもって読書する意味。

9 ［ 清廉 ］ 清廉潔白：心や行いがきよく、私欲や不正などが全くないさま。

10 ［ 千客 ］ 千客万来：多くの客が途絶えることなくやってくること。店などがにぎわっているさま。

読み

同音・同訓異字

漢字識別

熟語の構成

部首

対義語・類義語

送りがな

四字熟語

誤字訂正

書き取り

79

誤字訂正①

次の各文にまちがって使われている**同じ読みの漢字**が**一字**ある。
誤字と、**正しい漢字**を答えよ。

誤　　正

☐☐ 1　中間試験で出題される範囲を創定して、効率よく集中的に勉強する。　〔　〕→〔　〕

☐☐ 2　観測・通申などの使命を終えた衛星が、軌道上に放置されている。　〔　〕→〔　〕

☐☐ 3　店頭での宣伝や新聞広告によって新商品の販買を促進する。　〔　〕→〔　〕

☐☐ 4　海上保安庁が、転覆した船の乗組員の急助のため直ちに出動した。　〔　〕→〔　〕

☐☐ 5　公園の遊具に危険な箇所があると指的があり早急に対策が講じられた。　〔　〕→〔　〕

☐☐ 6　寸暇を惜しんで練習をした結果、全国大会優勝の英冠を手にした。　〔　〕→〔　〕

☐☐ 7　道路の拡幅工事が延滑に進むように、周辺道路の交通整理が行われた。　〔　〕→〔　〕

☐☐ 8　大気汚洗が深刻となり、世界各国で電気自動車の普及が進められている。　〔　〕→〔　〕

☐☐ 9　古民家の再生保存のため、改蓄時に要する費用を自治体が補助する。　〔　〕→〔　〕

☐☐ 10　経済格差を解証するために制定された法律が、今春施行された。　〔　〕→〔　〕

標準解答　　　　解説
　誤　　正

1 [創]→[想]　想定：仮に考えてみること。

2 [申]→[信]　通信：情報を伝達すること。

3 [買]→[売]　販売：商品をうりさばくこと。

4 [急]→[救]　救助：危険な状態からすくい、たすけること。

5 [的]→[摘]　指摘：物事の重要な点や悪い点を取り上げて、具体的に示すこと。

6 [英]→[栄]　栄冠：輝かしい勝利をたたえて与えられるかんむり。

7 [延]→[円]　円滑：物事が滞りなく進むさま。

8 [洗]→[染]　汚染：空気・水などが、有毒物質でよごれること。

9 [蓄]→[築]　改築：建物の一部または全部を建て直すこと。

10 [証]→[消]　解消：それまでの状態がなくなること。

読み

同音・同訓異字

漢字識別

熟語の構成

部首

対義語・類義語

送りがな

四字熟語

誤字訂正

書き取り

81

誤字訂正②

次の各文にまちがって使われている**同じ読みの漢字**が**一字**ある。
誤字と、**正しい漢字**を答えよ。

誤 　 正

□ 1 老朽化した図書館が耐震工事を終え、安全で快敵な施設になった。 〔 　 〕→〔 　 〕

□ 2 帰省先で駅前の百貨店に立ち寄ったが、改掃工事で休業中だった。 〔 　 〕→〔 　 〕

□ 3 車の自動運転は、交通安全を考慮し、研究と解発が進められている。 〔 　 〕→〔 　 〕

□ 4 市の中心部の道路を拡調することで、物流を円滑化する計画が発表された。 〔 　 〕→〔 　 〕

□ 5 巨額の営業尊失を出した企業が海外の工場を閉鎖した。 〔 　 〕→〔 　 〕

□ 6 世界的な学述誌に、難病の治療に役立つ遺伝子の研究論文が掲載される。 〔 　 〕→〔 　 〕

□ 7 人工知能を活要した顔認識の精度が向上し、会場の警備に使われている。 〔 　 〕→〔 　 〕

□ 8 近年再評価が進んでいる小説家の作品集が有名出版社から完行される。 〔 　 〕→〔 　 〕

□ 9 県の南部には、家蓄として乳牛を飼育している大規模な農家が多い。 〔 　 〕→〔 　 〕

□ 10 ウイルスの感潜拡大の防止のため、行事の延期や学級閉鎖等の対策を行う。 〔 　 〕→〔 　 〕

標準解答 ／ 解 説

誤　正

1 [敵]→[適]　　快適：具合がよく、とても気持ちがよいこと。

2 [掃]→[装]　　改装：飾りや設備などを変えること。模様がえ。

3 [解]→[開]　　開発：新しい製品などについて研究し、実際に使えるようにすること。

4 [調]→[張]　　拡張：範囲や規模などを押し広げて大きくすること。

5 [尊]→[損]　　損失：利益や財産などを失うこと。

6 [述]→[術]　　学術：専門的な学問。

7 [要]→[用]　　活用：いかして使うこと。

8 [完]→[刊]　　刊行：書物などを印刷して、広く世に出すこと。

9 [蓄]→[畜]　　家畜：生活に役立てるため、家や農園で飼う動物。

10 [潜]→[染]　　感染：病原体が体内に入り、病気がうつること。

読み

同音・同訓異字

漢字識別

熟語の構成

部首

対義語・類義語

送りがな

四字熟語

誤字訂正

書き取り

誤字訂正③

次の各文にまちがって使われている**同じ読みの漢字**が**一字**ある。
誤字と、**正しい漢字**を答えよ。

誤　　正

☐☐ 1　観行立国の実現のため、外国人向け
　　　の情報発信に積極的に取り組む。 [ ]→[ ]

☐☐ 2　生活習慣病の予防のため、厚生労働
　　　省は食塩摂取の基準料を示した。 [ ]→[ ]

☐☐ 3　音楽史を塗り替えた偉大な作曲家の
　　　軌責をたどって彼の生家を訪れた。 [ ]→[ ]

☐☐ 4　従業員の健康を守ることが企業に議
　　　務付けられている。 [ ]→[ ]

☐☐ 5　児童が安全に移動できる避難経路を
　　　獲保する。 [ ]→[ ]

☐☐ 6　一人暮らしの高齢者に強因に契約を
　　　結ばせる商法が問題になっている。 [ ]→[ ]

☐☐ 7　自治体の業積回復のため、外国人客
　　　に魅力のある街づくりを提案する。 [ ]→[ ]

☐☐ 8　台風などの災害時における電力の安
　　　定的な供求が緊急の課題である。 [ ]→[ ]

☐☐ 9　環境に配慮した校舎を建てるために
　　　耐火性の高い木製建財を開発する。 [ ]→[ ]

☐☐ 10　強い揺れを感値したため、安全装置
　　　が作動して即座にガスが止まった。 [ ]→[ ]

標準解答

解説

誤　　正

1 [行]→[光]　観光：旅先で名所や風景、風物などを見物してまわること。

2 [料]→[量]　基準量：おおよその目安になるぶんりょう。

3 [責]→[跡]　軌跡：人がたどってきた人生のあと。

4 [議]→[義]　義務：人として当然行うべきこと。また、法律上定められた、しなければならないこと。

5 [獲]→[確]　確保：しっかり手に入れ、手もとに持っておくこと。

6 [因]→[引]　強引：物事を無理やり行うこと。

7 [積]→[績]　業績：学術研究や事業で成し遂げた立派な成果。

8 [求]→[給]　供給：もとめに応じて物などをあてがうこと。

9 [財]→[材]　建材：建築に用いられるざいりょう。

10 [値]→[知]　感知：感じ取ってしること。気づくこと。

読み

同音・同訓異字

漢字識別

熟語の構成

部首

対義語・類義語

送りがな

四字熟語

誤字訂正

書き取り

誤字訂正④

次の各文にまちがって使われている**同じ読み**の漢字が**一字**ある。
誤字と、**正しい漢字**を答えよ。

誤　　正

□□ 1　優勝候補の競豪校が、世間の予想に反して初出場校に逆転負けした。　[　]→[　]

□□ 2　製造業を中心に欧米への輸出量が伸び、法人の振告所得額が急増した。　[　]→[　]

□□ 3　政府主導の政策で通貨の価値が下がり、経財の危機を招いた。　[　]→[　]

□□ 4　数々の凶悪犯罪が、生きにくい現代社会への計鐘を打ち鳴らしている。　[　]→[　]

□□ 5　自宅のベランダで、三脚に固定した望遠鏡を操作して星を勘測した。　[　]→[　]

□□ 6　海外留学で、法医学の賢戚と称される教授の講義を受けた。　[　]→[　]

□□ 7　湿気の多い場所に置いていた電化製品が故証した。　[　]→[　]

□□ 8　若者の個用を促進するために国や自治体が対策を立てる。　[　]→[　]

□□ 9　公協施設は館内だけでなく、屋外の回廊や庭園なども全面禁煙である。　[　]→[　]

□□ 10　食品製造業の中堅二社が物流における功率化を図り、技術提携する。　[　]→[　]

標準解答		解　説
誤　　正		

1　$\left[競\right]$→$\left[強\right]$　強豪：勢いがつよく手ごわいこと。

2　$\left[振\right]$→$\left[申\right]$　申告：国民が必要な事項を国・役所などにもうし出ること。

3　$\left[財\right]$→$\left[済\right]$　経済：生活に必要なものを生産・分配・消費する活動と、その中で営まれる社会的つながり。

4　$\left[計\right]$→$\left[警\right]$　警鐘：危険を予告し、注意をうながすもの。

5　$\left[勘\right]$→$\left[観\right]$　観測：自然現象の推移や変化をかんさつ・測定すること。

6　$\left[賢\right]$→$\left[権\right]$　権威：ある分野で最高の水準にあると認められ、信頼性が高い人やもの。

7　$\left[証\right]$→$\left[障\right]$　故障：機械などが正常に働かないこと。

8　$\left[個\right]$→$\left[雇\right]$　雇用：ある仕事のために賃金を払い、人を使うこと。

9　$\left[協\right]$→$\left[共\right]$　公共：国民一般を対象としていること。

10　$\left[功\right]$→$\left[効\right]$　効率：仕事の成果と労力の割合。

次の各文にまちがって使われている**同じ読み**の漢字が**一字**ある。
誤字と、**正しい漢字**を答えよ。

誤　　正

☐☐ 1　生産性を高上させるため、休暇の取得を義務付ける企業が増えている。　[　]→[　]

☐☐ 2　今年も夏に恒礼の合宿が開催され、最終日に花火大会が行われる。　[　]→[　]

☐☐ 3　農作物の生産地を豪雨が襲い、出貨前の果物が壊滅的な被害を受けた。　[　]→[　]

☐☐ 4　実験で消化液の中の孝素を活性化させる薬品の効果が確認できた。　[　]→[　]

☐☐ 5　混難を乗り越えた経験を、就職活動の面接で試験官に伝える。　[　]→[　]

☐☐ 6　赤字に転落した出版社が、経営再件のため規模を縮小する。　[　]→[　]

☐☐ 7　橋脚の設置が可能かどうか調査するため、海底を掘削し土砂を細取する。　[　]→[　]

☐☐ 8　肩の故障で再起不能と伝えられた野球選手が奇跡的に複帰を果たした。　[　]→[　]

☐☐ 9　野外で落雷や水害の危機が迫っている時の対処の仕方を校習会で学ぶ。　[　]→[　]

☐☐ 10　人口減が進み税収が減少して深刻な財制難を抱える地方自治体が多い。　[　]→[　]

標準解答　　　　　　　　解 説
　　誤　　正

1 ［高］→［向］　向上：よりよい状態に発展すること。

2 ［礼］→［例］　恒例：いつも決まって行われること。

3 ［貨］→［荷］　出荷：商品を市場に出すこと。

4 ［孝］→［酵］　酵素：生物の体内で作られ、体内の化学反応を引き起こす有機化合物。

5 ［混］→［困］　困難：やりとげるのが苦しく難しいこと。

6 ［件］→［建］　再建：一度衰えたものを、ふたたび立て直すこと。

7 ［細］→［採］　採取：研究・調査に必要なものを選び、手に入れること。

8 ［複］→［復］　復帰：一時離れていた元の地位・部署・状態にもどること。

9 ［校］→［講］　講習：一定期間、人を集めて学問や技能を指導すること。

10 ［制］→［政］　財政：国家や地方公共団体が、収入・支出に関して行う経済活動。

読み

同音・同訓異字

漢字識別

熟語の構成

部首

対義語・類義語

送りがな

四字熟語

誤字訂正

書き取り

書き取り①

次の——線の**カタカナ**を**漢字**に直せ。

☐ 1 左足を**ジク**にして、くるりと回る。 [   ]

☐ 2 プラネタリウムで**ホクト**七星を見た。 [   ]

☐ 3 雪の**ケッショウ**はいろいろな形をして
ている。 [   ]

☐ 4 家族全員で**ショクタク**を囲む。 [   ]

☐ 5 宿題をせずに寝たことを**コウカイ**す
る。 [   ]

☐ 6 **ワザワ**いがないことを願う。 [   ]

☐ 7 祖父は**ブタ**を数十頭飼っている。 [   ]

☐ 8 **タキ**が水煙を上げて流れ落ちる。 [   ]

☐ 9 映画を**ト**るのが学生時代からの夢だ。 [   ]

☐ 10 **アズキ**でおしるこを作った。 [   ]

（標準解答）　　　（解　説）

1	軸	軸：回転の中心となる棒。物事のかなめとなるもの。
2	北斗	北斗七星：ひしゃくの形に並ぶ七つの星。 **差る✕** 斗に注意。1画目と2画目が横並びの誤答が目立つ。 ✕斗 ○斗
3	結晶	結晶：物質の原子が一定の規則正しい配列をすること。 **差る✕** 結の糸（いとへん）を続け字にしない。 ✕結 ○結
4	食卓	食卓：食事をするときに使う台。テーブル。 ✎「食卓」の卓は、「つくえ。テーブル。」という意味を表す。**語例** 卓上
5	後悔	後悔：自分のしてしまったことを、あとになってくやむこと。
6	災	災い：不幸な出来事。 **差る✕** 災い…送りがなまで書いてしまった誤答が目立つ。――線部分をよく確認しよう。
7	豚	豚：イノシシ科の哺乳動物。 **差る✕** 点画に注意。部首は豕（ぶた・いのこ）。隊の右部分の形と混同しないこと。 ○豚
8	滝	滝：高い所から急激に落下する水流。 **差る✕** 形に注意。4～8画目は「大」ではなく「立」。 ✕滝 ○滝
9	撮	撮る：カメラなどで音や動きを記録する。
10	小豆	小豆：マメ科の一年草。種子はあん・赤飯などに用いる。 ✎「小豆」は中学校で学習する熟字訓・当て字。

書き取り②

次の——線の**カタカナ**を**漢字**に直せ。

□□ 1 国が中小**キギョウ**を支援する。 〔　　　　〕

□□ 2 サッカー界の**テイオウ**と称されている。 〔　　　　〕

□□ 3 **シンシュク**性のある素材を使う。 〔　　　　〕

□□ 4 登場するのは全て**カクウ**の人物だ。 〔　　　　〕

□□ 5 **ヘイボン**な生活を送っている。 〔　　　　〕

□□ 6 子どもたちに**シバイ**を見せる。 〔　　　　〕

□□ 7 うがいをして、のどの**ウルオ**いを保つ。 〔　　　　〕

□□ 8 君主が**カンムリ**をかぶっている。 〔　　　　〕

□□ 9 暗い部屋に徐々に目を**ナ**らす。 〔　　　　〕

□□ 10 明るい色の**カベガミ**に変える。 〔　　　　〕

標準解答	解　説

1 〔 企業 〕
企業：営利を目的とし、経済活動を継続的に行う組織体。

2 〔 帝王 〕
帝王：ある分野で絶対的な支配力を持つ人のたとえ。
✏ もとは君主国の元首の意味。

3 〔 伸縮 〕
伸縮：のびることとちぢむこと。
✏ 伸には「のびる。のばす。」という意味がある。**語例** 屈伸

4 〔 架空 〕
架空：想像でつくりだすこと。
✏ 架は「かける。かけわたす。」という意味を表す。

5 〔 平凡 〕
平凡：ありふれているさま。優れていたり変わっていたりする点のないこと。

6 〔 芝居 〕
芝居：演劇の総称。
ある✕ 芝に注意。4～6画目の形が「夂」になっている誤答が多い。　〇芝

7 〔 潤 〕
潤い：適度に水分があること。
ある✕ 右部分が不正確な誤答が多い。「門」の内側の形を確認しよう。　〇潤

8 〔 冠 〕
冠：頭にかぶる装飾品。
ある✕ 部首が宀（うかんむり）になっている誤答が多い。正しくは冖（わかんむり）。　〇冠

9 〔 慣 〕
慣らす：ある状態になじませる。
ある✕ 点画に注意。4～7画目は「母」ではない。　✕慣　〇慣

10 〔 壁紙 〕
壁紙：かべを飾ったりするために貼るかみ。
ある✕ 壁に注意。1～6画目の形は「居」ではない。　✕居壁　〇壁

書き取り③

次の——線の**カタカナ**を**漢字**に直せ。

□□ 1 <u>ロテン</u>ぶろが有名な旅館に泊まる。 [　　　]

□□ 2 <u>トウメイ</u>な袋にごみを入れる。 [　　　]

□□ 3 作品を同一の<u>シャクド</u>で評価する。 [　　　]

□□ 4 後輩の失礼な発言に<u>リップク</u>した。 [　　　]

□□ 5 <u>エンジョウ</u>した車を消火する。 [　　　]

□□ 6 子どもが大声で泣き<u>サケ</u>んでいる。 [　　　]

□□ 7 友人に<u>ヤサ</u>しい言葉をかける。 [　　　]

□□ 8 <u>ヒカ</u>えの選手として登録される。 [　　　]

□□ 9 プロの美しい演奏に<u>ヨ</u>う。 [　　　]

□□ 10 仏前で手を合わせて<u>オガ</u>む。 [　　　]

標準解答	解 説

1 〔 露天 〕
露天：屋根のないところ。
醤✕ 露店…「露店」は「道端などで品物を売る店」という意味の別語。

2 〔 透明 〕
透明：向こうがすきとおって見えること。
醤✕ 透に注意。「乃」の形が崩れている誤答が多い。形をはっきりと書こう。 ○透

3 〔 尺度 〕
尺度：物事を評価したり批判したりする基準。めやす。
✐ 尺には「ものさし。長さ。」という意味がある。

4 〔 立腹 〕
立腹：はらをたてること。怒ること。
✐ 後の字が前の字の目的語となる構成で、「腹を立てる」ということ。

5 〔 炎上 〕
炎上：火が燃えあがること。
醤✕ 形の似た災と混同した誤答が目立つ。炎は「火」が2つ上下に並ぶ。

6 〔 叫 〕
叫ぶ：大きな声でわめくこと。
醤✕ 4～5画目が続け字になっている誤答が多い。はっきりと分けて書くこと。 ×叫 ○叫

7 〔 優 〕
優しい：思いやりがあって情けが深い。
醤✕ 5～8画目と9～10画目とが分離している誤答が多いので注意しよう。 ×優 ○優

8 〔 控 〕
控え：必要なときのために別に用意しておくもの。

9 〔 酔 〕
酔う：物事にひたり、心を奪われてうっとりする。

10 〔 拝 〕
拝む：手を合わせて祈る。
醤✕ 4～7画目にかけて、横画が1つ足りない誤答が多いので注意しよう。 ×拝 ○拝

読み
同音・同訓異字
漢字識別
熟語の構成
部首
対義語・類義語
送りがな
四字熟語
誤字訂正
書き取り

書き取り④

次の――線の**カタカナ**を**漢字**に直せ。

☐☐ 1　先手を打って敵の動きを**フウ**じる。　〔　　　〕

☐☐ 2　予備の通信**カイセン**に切り替える。　〔　　　〕

☐☐ 3　午前中の**コウスイ**確率を調べる。　〔　　　〕

☐☐ 4　**ノギク**を摘んで花束にする。　〔　　　〕

☐☐ 5　クラス全員で**トウロン**する。　〔　　　〕

☐☐ 6　山菜に衣をつけて油で**ア**げる。　〔　　　〕

☐☐ 7　宮中で**ヒメギミ**にお仕えする。　〔　　　〕

☐☐ 8　初めに抱いた志を最後まで**ツラヌ**く。〔　　　〕

☐☐ 9　**ウル**んだ目でじっと見つめる。　〔　　　〕

☐☐ 10　**イナカ**の空気は澄んでいる。　〔　　　〕

(標準解答)　　　(解　説)

1 [封]　封じる：自由に活動ができないようにする。

---

2 [回線]　回線：電話・電信のかいろ。電気・磁気の通路。
✐ 回には「めぐらす」という意味がある。

---

3 [降水]　降水：大気中の水分が雨や雪となり、地上に落下する現象。

---

4 [野菊]　野菊：野生のキクの総称。
ある✖ 菊に注意。部首が⺾（たけかんむり）となっている誤答が多い。　菊○

---

5 [討論]　討論：意見を出し合うこと。
✐「討論」の討は「たずねる。しらべる。」という意味を表す。 語例 検討

---

6 [揚]　揚げる：熱した油で調理する。
ある✖ 掲と混同した誤答が多い。「掲げる」は「かかげる」と読む。

---

7 [姫君]　姫君：貴人の娘を敬って呼ぶ言葉。
✐ ここでの君は、敬うべき人に対してつける敬称として使われている。

---

8 [貫]　貫く：最後まで成し遂げる。やり抜く。
ある✖ 上部分の形に誤りが多い。よく確認しよう。　貫○

---

9 [潤]　潤む：目に涙がにじむ。

---

10 [田舎]　田舎：都会から遠く離れた地方。人家が少なく畑やたんぼの広がる所。
✐「田舎」は中学校で学習する熟字訓・当て字。

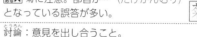

読み｜同音・同訓異字｜漢字識別｜熟語の構成｜部首｜対義語・類義語｜送りがな｜四字熟語｜誤字訂正｜**書き取り**

書き取り⑤

次の──線の**カタカナ**を**漢字**に直せ。

☐☐ 1 降雪により列車のダイヤが**コンラン**した。 [   ]

☐☐ 2 **ショコク**を巡る旅に出る。 [   ]

☐☐ 3 課長への**ショウカク**を皆で祝う。 [   ]

☐☐ 4 **カカン**な戦いぶりに感動した。 [   ]

☐☐ 5 世界各地を旅して**シヤ**を広げたい。 [   ]

☐☐ 6 あまりに非難が集中して**イナオ**った。 [   ]

☐☐ 7 **クワ**の樹皮から和紙を作る。 [   ]

☐☐ 8 幅の**セマ**い道を車が通過する。 [   ]

☐☐ 9 しぐさに気品が**タダヨ**っている。 [   ]

☐☐ 10 **カタコト**の英語で何とか通じた。 [   ]

標準解答 | **解 説**

読み / 同音・同訓異字 / 漢字識別 / 熟語の構成 / 部首 / 対義語・類義語 / 送りがな / 四字熟語 / 誤字訂正 / **書き取り**

1 [混乱]
混乱：入りみだれてまとまりがなくなること。
✏ 混、乱いずれも「入りみだれる」という意味。

2 [諸国]
諸国：いろいろなくに。
✏「諸国」の諸は、「いろいろな。多くの。」という意味を表す。 **語例** 諸島

3 [昇格]
昇格：階級・地位などが上がること。
惜× 昇に注意。5画目が、欠けていたり、位置がずれていたりする誤答が目立つ。

4 [果敢]
果敢：思い切って行動する様子。
✏「果敢」の敢は「思い切ってする」という意味。 **語例** 敢闘

5 [視野]
視野：ものの見方、考え方が及ぶ範囲。
惜× 視に注意。左部分は礻（しめすへん）で、衤（ころもへん）ではない。

6 [居直]
居直る：不利な者が、急に強い態度に出る。

7 [桑]
桑：クワ科の落葉樹の総称。
惜× 上部分が書けていない誤答が多い。「ヌ」が3つという形をよく確認しよう。

8 [狭]
狭い：空間が小さい。
惜× 同じつくり「夾」を持つ字と混同した誤答が目立つ。部首を確認しよう。

9 [漂]
漂う：ある気配やにおいがその場に満ちる。
惜× 滞と混同した誤答が目立つ。滞の訓読みは「滞（とどこお）る」。

10 [片言]
片言：たどたどしく不完全なことば。また、その話し方。
✏「片言」の片は「わずか」という意味。

書き取り⑥

次の——線の**カタカナ**を**漢字**に直せ。

☐☐ 1 <u>シンパン</u>が選手に退場を命じる。　　［　　　　］

☐☐ 2 <u>カンビョウ</u>のかいあって快復した。　　［　　　　］

☐☐ 3 自作の<u>ハイク</u>を色紙に書いた。　　　　［　　　　］

☐☐ 4 <u>ゼツミョウ</u>な肉の焼き加減だ。　　　　［　　　　］

☐☐ 5 自動車の運転<u>メンキョ</u>を取得する。　　［　　　　］

☐☐ 6 実力で彼に<u>マサ</u>る者はいない。　　　　［　　　　］

☐☐ 7 海に<u>シズ</u>む夕日をながめる。　　　　　［　　　　］

☐☐ 8 声援が体育館に<u>ヒビ</u>く。　　　　　　　［　　　　］

☐☐ 9 <u>ス</u>り傷に薬を塗る。　　　　　　　　　［　　　　］

☐☐ 10 大変な問題を<u>カカ</u>えている。　　　　　［　　　　］

標準解答	解 説	
1 [審判]	審判：かち負けや反則などを見極めて競技を進行する人。 **おるX** 審に注意。5〜6画目が抜けないように。	読み
2 [看病]	看病：病人につきそい世話をすること。 **おるX** 看に注意。2〜3画目の横画が1つ多い誤答が目立つ。横画は2つ。	同音・同訓異字
3 [俳句]	俳句：五・七・五の十七音から成る日本独特の詩。 ✎ 俳は「おどけ。たわむれ。」という意味。	漢字識別
4 [絶妙]	絶妙：この上なく優れている様子。 ✎ 「絶妙」の妙は「たくみな。くわしい。」という意味を表す。	熟語の構成
5 [免許]	免許：あることを行うのを公の機関がゆるすこと。 ✎ 免、許いずれも「ゆるす」という意味。	部首
6 [勝]	勝る：能力や程度などが上である。 ✎ 「勝（まさ）る」は中学校で学習する訓読み。	対義語・類義語
7 [沈]	沈む：太陽や月が、山や水平線に隠れる。	送りがな
8 [響]	響く：音が物に当たってはんきょうする。 **おるX** 点画に注意。1〜3画目を「幺」のように書いた誤答が多い。	四字熟語
9 [擦]	擦り傷：物がかすってできる軽い傷。 **おるX** 点画に注意。9〜10画目が1画少ない誤答が目立つ。	誤字訂正
10 [抱]	抱える：負担や責任を引き受ける。 **おるX** つくりが不正確な誤答が目立つ。「手（扌・てへん）で包んでいる」と覚えよう。	書き取り

101

書き取り⑦

次の——線の**カタカナ**を**漢字**に直せ。

□□ 1 限られた時間を**ユウコウ**に使う。　　〔　　　〕

□□ 2 **ルイジ**した商品が出回っている。　　〔　　　〕

□□ 3 シダ植物の**ホウシ**を観察する。　　〔　　　〕

□□ 4 ここはかつて**ショケイ**場だった。　　〔　　　〕

□□ 5 **サキュウ**でラクダに乗る。　　〔　　　〕

□□ 6 計画の実現が**アヤ**ぶまれている。　　〔　　　〕

□□ 7 映像の仕事に**タズサ**わっている。　　〔　　　〕

□□ 8 **アワ**い期待を抱いて結果を待つ。　　〔　　　〕

□□ 9 机の上に本を**フ**せて置く。　　〔　　　〕

□□ 10 昼食の後に**ネム**くなった。　　〔　　　〕

（標準解答）　　　　　解　説

1 [有効]
有効：ためになること。役に立つこと。
対 無効
✎ 効は「きく。ききめがある。」という意味。

2 [類似]
類似：二つ以上のものの間に、にかよった点があること。
✎ 類、似いずれも「似ている」という意味。

3 [胞子]
胞子：シダ植物・コケ植物・キノコなどが、仲間をふやすときに作る生殖細胞。
✎ 胞の部首は 月（にくづき）。

4 [処刑]
処刑：罰を下すこと。
✎ 「刑に処する」ということ。後の字が前の字の目的語・補語となる構成。

5 [砂丘]
砂丘：風に運ばれたすなが積もってできた、おか。

6 [危]
危ぶむ：不安に思う。なりゆきを心配する。

7 [携]
携わる：従事する。かかわりあう。
誤答✕ 護と混同した誤答が多い。
右上部分に「艹」は不要。　✕携 ○携

8 [淡]
淡い：ほのかに感じられる。かすかである。

9 [伏]
伏せる：開いた側を下に向けて置く。
誤答✕ 状など形の似た字との書き誤りが多い。
部首は 亻（にんべん）。

10 [眠]
眠い：ねむりたくてたまらない。
誤答✕ 部首を 目（ひへん）とする誤答が目立つ。
正しくは 目（めへん）。

読み／同音・同訓異字／漢字識別／熟語の構成／部首／対義語・類義語／送りがな／四字熟語／誤字訂正／書き取り

次の──線の**漢字の読み**を**ひらがな**で記せ。

□□ 1 どこからか<u>芳香</u>が漂ってきた。 [   ]

□□ 2 <u>霊峰</u>として名高い山だ。 [   ]

□□ 3 明日の試合の準備は<u>万端</u>整った。 [   ]

□□ 4 会長への就任を<u>快諾</u>してもらった。 [   ]

□□ 5 <u>邦人</u>の活躍が海外で報道される。 [   ]

□□ 6 図らずも二者<u>択一</u>を迫られる。 [   ]

□□ 7 ピアノの生演奏に<u>陶酔</u>する。 [   ]

□□ 8 学業を<u>怠</u>けると成績が下がる。 [   ]

□□ 9 姉の<u>嫁</u>ぐ日が近づいてきた。 [   ]

□□ 10 いつまでも<u>名残</u>は尽きない。 [   ]

（標準解答）　　　　（解　説）

読み

同音・同訓異字

漢字識別

熟語の構成

部首

対義語・類義語

送りがな

四字熟語

誤字訂正

書き取り

1 ［ ほうこう ］ 芳香：よい香り。かぐわしい香り。

2 ［ れいほう ］ 霊峰：神聖な山。信仰の対象となる山。

3 ［ ばんたん ］ 万端：すべての事柄。
　　　　　　　ある✕ まんたん
　　　　　　　語例 万難

4 ［ かいだく ］ 快諾：気持ちよく承知すること。

5 ［ ほうじん ］ 邦人：自国の人。海外に住む日本人。

6 ［ たくいつ ］ 択一：二つ以上のものの中から一つを選ぶこと。

7 ［ とうすい ］ 陶酔：芸術などに心を奪われること。

8 ［ なま ］ 怠ける：するべきことをまじめに行わない。

9 ［ とつ ］ 嫁ぐ：女性が結婚し、他家に移ること。
　　　　　　ある✕ つぐ…「つぐ」と読むのは「継ぐ」で、「引き受ける。受け伝える。」という意味。

10 ［ なごり ］ 名残：物事が過ぎ去った後に残る気分や気配。別れるときの心残り。
　　　　　　 ✐「名残」は中学校で学習する熟字訓・当て字。

105

読み②

次の――線の**漢字の読み**を**ひらがな**で記せ。

□□ 1 骨髄移植の手術が成功する。　　　［　　　　］

□□ 2 ゴルフの会員権を譲渡した。　　　［　　　　］

□□ 3 お越しいただき恐悦の至りです。　［　　　　］

□□ 4 祖父母は長年辛苦を共にしてきた。［　　　　］

□□ 5 チャンピオンベルトを奪回する。　［　　　　］

□□ 6 兄は文章の添削が得意だ。　　　　［　　　　］

□□ 7 先賢の教えを語り継ぐ。　　　　　［　　　　］

□□ 8 敵を欺き勝利をおさめる。　　　　［　　　　］

□□ 9 海外への進出を企てている。　　　［　　　　］

□□ 10 暑さで池の水が干上がりそうだ。　［　　　　］

標準解答　　　　　　解　説

読み

同音・同訓異字

漢字識別

熟語の構成

部首

対義語・類義語

送りがな

四字熟語

誤字訂正

書き取り

1 ［ こつずい ］　骨髄：骨の内部を満たす、柔らかな組織。

2 ［ じょうと ］　譲渡：ゆずりわたすこと。

3 ［ きょうえつ ］　恐悦：つつしんで喜ぶこと。特に、目上の人に自分の喜びを言う語。

4 ［ しんく ］　辛苦：つらく苦しいこと。

5 ［ だっかい ］　奪回：とられていたものを奪い返すこと。

6 ［ てんさく ］　添削：他人の文章や答案、詩歌などの悪い部分を直すこと。

7 ［ せんけん ］　先賢：昔の、かしこく徳のある人。

8 ［ あざむ ］　欺く：間違って意識させる。それと思わせる。だます。

9 ［ くわだ ］　企てる：物事を計画する。思い立って準備する。

10 ［ ひあ ］　干上がる：完全に乾く。
語例 干物

読み③

次の――線の**漢字の読み**を**ひらがな**で記せ。

□□ 1 北欧の国ではオーロラが見られる。　[　　　　]

□□ 2 結局、穏当な意見に落ち着いた。　[　　　　]

□□ 3 すばらしい絵画に詠嘆の声を上げた。[　　　　]

□□ 4 下水道を埋設する工事が行われる。　[　　　　]

□□ 5 自転車のチェーンに潤滑油を差す。　[　　　　]

□□ 6 卓抜した技で世間に名をはせる。　[　　　　]

□□ 7 客に粗相のないように気を配る。　[　　　　]

□□ 8 これから重要な会議に臨む。　[　　　　]

□□ 9 大草原に立って朗らかに歌う。　[　　　　]

□□ 10 重役に戦略の変更を促した。　[　　　　]

（標準解答）　　（解　説）

読み

1 [ほくおう]
北欧：ヨーロッパの北部。
まぎ× ほくべい…「ほくべい」と読むのは「北米」。「北アメリカ大陸」を意味する。

2 [おんとう]
穏当：おだやかで道理にかなっている様子。

3 [えいたん]
詠嘆：深く感動すること。

4 [まいせつ]
埋設：地中にうめて取りつけること。

5 [じゅんかつ]
潤滑：湿っていてなめらかなこと。
✎「潤滑」の滑は「なめらか」という意味を表す。

6 [たくばつ]
卓抜：他よりも大きく抜きんでていること。

7 [そそう]
粗相：不注意や軽率さによって、過失・失態をおかすこと。

8 [のぞ]
臨む：ある場所や会などに参加する。出席する。

9 [ほが]
朗らか：心がさわやかで明るい。

10 [うなが]
促す：ある行為をするように仕向ける。

同音・同訓異字｜漢字識別｜熟語の構成｜部首｜対義語・類義語｜送りがな｜四字熟語｜誤字訂正｜書き取り

読み④

次の——線の**漢字の読み**を**ひらがな**で記せ。

□ 1 経済界の<u>重鎮</u>として知られている。 [　　　　]

□ 2 期限が迫り、<u>焦燥</u>に駆られる。 [　　　　]

□ 3 あれこれと<u>策謀</u>を巡らす。 [　　　　]

□ 4 <u>悔恨</u>の念にさいなまれる。 [　　　　]

□ 5 <u>疾駆</u>するウマの姿を描く。 [　　　　]

□ 6 <u>遺漏</u>がないように記入する。 [　　　　]

□ 7 学者としての名誉が<u>失墜</u>した。 [　　　　]

□ 8 重いトランクを手に<u>提</u>げている。 [　　　　]

□ 9 コーヒー豆を<u>卸値</u>で買った。 [　　　　]

□ 10 とうてい<u>太刀打</u>ちできない。 [　　　　]

標準解答	解　説

1 [じゅうちん]
重鎮：ある分野での中心人物。
よく×あるミス じゅう**しん**
語例 文鎮

2 [しょうそう]
焦燥：あせっていらいらすること。

3 [さくぼう]
策謀：はかりごと。また、はかりごとを巡らすこと。

4 [かいこん]
悔恨：あやまちを悔やみ、残念に思うこと。
類 悔悟

5 [しっく]
疾駆：ウマや車などを速く走らせること。
よく×あるミス しっ**そう**…「しっそう」と読むのは「疾走」。意味は「速く走ること」。

6 [いろう]
遺漏：見落とすこと。手ぬかり。

7 [しっつい]
失墜：信用・権威などをなくすこと。
よく×あるミス しつ**らく**
語例 墜落

8 [さ]
提げる：手や肩などにつるして持つ。
よく×あるミス **か**かげる…「かかげる」と読むのは「掲げる」。意味は「高くさし上げる」など。

9 [おろしね]
卸値：問屋が商品を仕入れ、小売商に売る値段。

10 [たちう]
太刀打ち：張り合って勝負をすること。
✎ 「太刀」は中学校で学習する熟字訓・当て字。

読み

同音・同訓異字

漢字識別

熟語の構成

部首

対義語・類義語

送りがな

四字熟語

誤字訂正

書き取り

111

読み⑤

次の——線の**漢字の読み**を**ひらがな**で記せ。

1 港湾開発の仕事に従事する。 [　　　]

2 暫時休んでから作業にもどる。 [　　　]

3 いつもの店で食パンを一斤買う。 [　　　]

4 市に歩道橋の設置を陳情する。 [　　　]

5 本邦初公演のミュージカルだ。 [　　　]

6 外務省が相手国との折衝にあたった。[　　　]

7 厳重な警戒のもと、金塊が運ばれた。[　　　]

8 うららかな春の日差しに眠気を催す。[　　　]

9 その横顔は憂いに沈んでいた。 [　　　]

10 真っ白な足袋をはく。 [　　　]

(標準解答)　　(解 説)

1 [こうわん]　港湾：港の施設とその一帯の設備の総称。

2 [ざんじ]　暫時：しばらくの間。少しの間。

3 [いっきん]　一斤：「斤」は、食パンのかたまりを数える単位。

4 [ちんじょう]　陳情：行政機関などに事情を説明し、対策を願うこと。

5 [ほんぽう]　本邦：わが国。

6 [せっしょう]　折衝：利害が異なる相手との駆け引き。

7 [きんかい]　金塊：純度の高い金のかたまり。
よくある×　きんこん
語例　氷塊

8 [もよお]　催す：あることをしたい気持ちになる。ある状態が起こり始める。

9 [うれ]　憂い：悪い事態への心配。

10 [たび]　足袋：和服のとき、防寒や礼装のため足にはく物。
✔「足袋」は中学校で学習する熟字訓・当て字。

読み

同音・同訓異字

漢字識別

熟語の構成

部首

対義語・類義語

送りがな

四字熟語

誤字訂正

書き取り

113

次の——線の**漢字の読み**を**ひらがな**で記せ。

☐☐ 1 皆で協力して目的を完遂した。 [   ]

☐☐ 2 近代的な捕鯨は北欧で始まった。 [   ]

☐☐ 3 このコートは縫製がしっかりしている。 [   ]

☐☐ 4 初夢で一年の吉凶を占う。 [   ]

☐☐ 5 異議を申し立てたが棄却された。 [   ]

☐☐ 6 突拍子もない話に驚いた。 [   ]

☐☐ 7 開会式では国旗の掲揚を行う。 [   ]

☐☐ 8 家賃の支払いが滞っていた。 [   ]

☐☐ 9 スカートのほころびを繕う。 [   ]

☐☐ 10 驚きのあまり心臓が早鐘を打つ。 [   ]

標準解答 解説

1 [かんすい] 完遂：最後までやりとおすこと。

2 [ほげい] 捕鯨：クジラを捕ること。

3 [ほうせい] 縫製：縫って衣服などを作ること。

4 [きっきょう] 吉凶：縁起のよいことと、悪いこと。

5 [ききゃく] 棄却：捨てて取り上げないこと。類 却下

6 [とっぴょうし] 突拍子：途方もないこと。度が外れていること。

7 [けいよう] 掲揚：高くかかげること。

8 [とどこお] 滞る：物事が順調に進まず、つかえる。

9 [つくろ] 繕う：破れたり壊れたりしたところを直す。
ぬう…「ぬう」と読むのは「縫う」。

10 [はやがね] 早鐘：不安や心配事のために、心臓の鼓動が激しくなることのたとえ。

読み

同音・同訓異字

漢字識別

熟語の構成

部首

対義語・類義語

送りがな

四字熟語

誤字訂正

書き取り

115

読み⑦

次の——線の**漢字の読み**を**ひらがな**で記せ。

□□ 1 <u>彫金</u>教室でブローチを作った。 [   ]

□□ 2 <u>鶏舎</u>から大きな物音が聞こえた。 [   ]

□□ 3 <u>該博</u>な知識の一端をのぞかせた。 [   ]

□□ 4 いつまでも古い慣習を<u>墨守</u>する。 [   ]

□□ 5 かゆみ止めの薬を<u>塗布</u>する。 [   ]

□□ 6 敬老の日に老人ホームを<u>慰問</u>する。 [   ]

□□ 7 最近の若者の行動を<u>慨嘆</u>する。 [   ]

□□ 8 母に教わり、<u>煮炊</u>きが上達する。 [   ]

□□ 9 観衆は彼の演技に<u>度肝</u>を抜かれた。 [   ]

□□ 10 <u>故</u>あって長年勤めた会社を辞めた。 [   ]

標準解答 解説

読み

同音・同訓異字

漢字識別

熟語の構成

部首

対義語・類義語

送りがな

四字熟語

誤字訂正

書き取り

1 [ちょうきん]
彫金：金属にたがねを用いて彫刻を施すこと。また、その技術。

2 [けいしゃ]
鶏舎：ニワトリを飼う小屋。

3 [がいはく]
該博：学問や知識が非常に広いさま。
✐「該博」の該は「あまねく。ことごとく。」という意味を表す。

4 [ぼくしゅ]
墨守：自分の主張などを守って改めないこと。
✐中国の墨子が、城を守るのが得意だったという故事による。

5 [とふ]
塗布：塗りつけること。
よくある✕ しっぷ…「しっぷ」と読むのは「湿布」。

6 [いもん]
慰問：病人や被災者などを訪ねて慰めること。

7 [がいたん]
慨嘆：なげかわしく思い、いきどおること。

8 [にた]
煮炊き：煮たり炊いたりして、食べ物を調理すること。

9 [どぎも]
度肝：肝を強めて言う語。
✐「度肝を抜く」で、ひどく驚かすという意味。

10 [ゆえ]
故：理由。原因。

117

同音・同訓異字①

次の——線の**カタカナ**にあてはまる漢字をそれぞれの**ア~オ**から**一つ**選び、**記号**で答えよ。

□□ 1 伝説が歴史と**フ**合する。 [   ]

□□ 2 英語力があると自**フ**している。 [   ]

□□ 3 優れた能力を**フ**与される。 [   ]

（ ア 負 イ 布 ウ 符 エ 賦 オ 夫 ）

□□ 4 古代の**フン**墓を調査する。 [   ]

□□ 5 政党で内**フン**が起こる。 [   ]

□□ 6 国民の怒りが**フン**出した。 [   ]

（ ア 粉 イ 紛 ウ 奮 エ 噴 オ 墳 ）

□□ 7 横**ボウ**な言動が多い。 [   ]

□□ 8 警察が**ボウ**国のスパイを逮捕した。 [   ]

□□ 9 美しい演奏に脱**ボウ**する。 [   ]

（ ア 某 イ 暴 ウ 忘 エ 防 オ 帽 ）

| 標準解答 | 解　説 |

読み

同音・同訓異字

漢字識別

熟語の構成

部首

対義語・類義語

送りがな

四字熟語

誤字訂正

書き取り

1 [ウ] 符合：二つ以上の事柄がぴったりと合致すること。

2 [ア] 自負：自分で自分の才能や功績などに自信を持ち、誇ること。

3 [エ] 賦与：分け与えること。もって生まれること。
✎ 神が分け与えるということから、生まれつきの才能の場合によく使われる。

4 [オ] 墳墓：墓。

5 [イ] 内紛：組織内部のもめごと。内輪もめ。

6 [エ] 噴出：強くふき出ること。

7 [イ] 横暴：権力や力を持って、勝手気ままを押し通すさま。

8 [ア] 某国：ある国。特定できないときや、ぼかして言うときに用いる。

9 [オ] 脱帽：相手に敬服すること。
✎ 帽子を脱ぐことには、敬意を表す意味がある。

同音・同訓異字②

次の——線の**カタカナ**にあてはまる漢字をそれぞれの**ア～オ**から**一つ**選び、**記号**で答えよ。

☐☐ **1** 道端の石<u>ヒ</u>に目を留める。 ［　　］

☐☐ **2** 役所の組織が<u>ヒ</u>大化する。 ［　　］

☐☐ **3** <u>ヒ</u>近な例を挙げて説明する。 ［　　］

（ ア 肥　イ 秘　ウ 卑　エ 碑　オ 非 ）

☐☐ **4** 王の前で平<u>フク</u>する。 ［　　］

☐☐ **5** うわさが何倍にも増<u>フク</u>されて伝わる。 ［　　］

☐☐ **6** <u>フク</u>水盆に返らず。 ［　　］

（ ア 副　イ 幅　ウ 複　エ 覆　オ 伏 ）

☐☐ **7** 感性を<u>ト</u>ぎ澄ます。 ［　　］

☐☐ **8** 風景が変化に<u>ト</u>んでいる。 ［　　］

☐☐ **9** 会社を退職して再び創作の筆を<u>ト</u>る。 ［　　］

（ ア 富　イ 研　ウ 撮　エ 捕　オ 執 ）

（標準解答）　　　（解　説）

読み

1 ［ エ ］ 石碑：石に記念の言葉などを刻んで建てたもの。

同音・同訓異字

2 ［ ア ］ 肥大：組織などが、異常に大きくなること。

漢字識別

3 ［ ウ ］ 卑近：身近なこと。日常にありふれていること。

熟語の構成

4 ［ オ ］ 平伏：両手をつき、頭を地につけて礼をすること。ひれふすこと。

部首

5 ［ イ ］ 増幅：物事の程度などが大きくなること。

対義語・類義語

6 ［ エ ］ 覆水：容器をひっくり返して、こぼれた水。
✐「覆水盆に返らず」は、取り返しがつかないことのたとえ。

送りがな

7 ［ イ ］ 研ぎ澄ます：心の働きを鋭くする。

四字熟語

8 ［ ア ］ 富む：豊富に含む。豊かである。
✐たくさんの財産を持つという意味もある。

誤字訂正

9 ［ オ ］ 執る：手に持つ。扱う。
✐「筆を執る」には、書くという意味がある。

書き取り

同音・同訓異字③

次の——線の**カタカナ**にあてはまる漢字をそれぞれの**ア～オ**から**一つ**選び、**記号**で答えよ。

□□ 1 **チョウ**衆が感動して総立ちになる。 [　　]

□□ 2 盛り上がりが最高**チョウ**に達した。 [　　]

□□ 3 天気が悪化する**チョウ**候を見逃さない。 [　　]

（ ア 腸　イ 聴　ウ 潮　エ 庁　オ 兆 ）

□□ 4 雪山で**トウ**傷になった。 [　　]

□□ 5 組合で出**トウ**係をしている。 [　　]

□□ 6 **トウ**源郷のような山村だった。 [　　]

（ ア 納　イ 党　ウ 桃　エ 凍　オ 灯 ）

□□ 7 冒険家が自作の**ハン**船で航海する。 [　　]

□□ 8 河**ハン**にはキャンプ場が点在する。 [　　]

□□ 9 **ハン**雑な事務作業に追われる。 [　　]

（ ア 判　イ 畔　ウ 版　エ 繁　オ 帆 ）

1回目	2回目
／9問	／9問

▶▶▶ 1章
▶▶▶ 2章
▶▶▶ 3章

標準解答　　　　　　解　説

1 [イ] 聴衆：演説・音楽などをききに集まった人々。

2 [ウ] 最高潮：物事や気分などが、最も高まること。クライマックス。

3 [オ] 兆候：何かが起こる前ぶれ。きざし。

4 [エ] 凍傷：強い寒気によって、体の一部や全身に起こる損傷。

5 [ア] 出納：金銭や物品の出し入れ。支出と収入。

6 [ウ] 桃源郷：俗世間を離れた平和な別世界。
✒ 漁夫がモモの林の奥に、人々が平和に暮らす地を発見した話から。

7 [オ] 帆船：ほを使い、風の力で走る船。
✒ 「ほぶね」とも読む。

8 [イ] 河畔：川のほとり。川岸。

9 [エ] 繁雑：物事が多くて、わずらわしいさま。

123

同音・同訓異字④

次の——線の**カタカナ**にあてはまる漢字をそれぞれの**ア〜オ**から**一つ**選び、記号で答えよ。

□□ 1 天災による食**リョウ**不足が心配だ。 [　　]

□□ 2 日本各地に皇族の**リョウ**墓がある。 [　　]

□□ 3 社長は度**リョウ**が大きい。 [　　]

（ ア 陵　イ 領　ウ 糧　エ 量　オ 良 ）

□□ 4 改善案は砂上の**ロウ**閣だった。 [　　]

□□ 5 努力したが徒**ロウ**に終わった。 [　　]

□□ 6 画**ロウ**で気に入った絵を買った。 [　　]

（ ア 労　イ 楼　ウ 朗　エ 老　オ 廊 ）

□□ 7 被爆地で**コウ**久の平和を祈る。 [　　]

□□ 8 炭**コウ**ではしばしば事故が起きた。 [　　]

□□ 9 妹はほおを**コウ**潮させて喜んだ。 [　　]

（ ア 紅　イ 構　ウ 康　エ 坑　オ 恒 ）

標準解答	解　説

読み

同音・同訓異字

漢字識別　熟語の構成

部首

対義語・類義語

送りがな

四字熟語

誤字訂正

書き取り

1 〔 ウ 〕 食糧（しょくりょう）：食べ物。特に、主食となる米や麦など。

2 〔 ア 〕 陵墓（りょうぼ）：天皇や皇后、また、皇族の墓。

3 〔 エ 〕 度量（どりょう）：他人の言行を受け入れる広い心。

4 〔 イ 〕 楼閣（ろうかく）：階を重ねて造った高い建物。
✎「砂上の楼閣」は、実現が不可能なことのたとえ。

5 〔 ア 〕 徒労（とろう）：大変だったことが、むだになること。

6 〔 オ 〕 画廊（がろう）：絵を陳列したり売ったりするところ。

7 〔 オ 〕 恒久（こうきゅう）：いつまでも変わらないこと。類 永久（えいきゅう）

8 〔 エ 〕 炭坑（たんこう）：石炭を採るために掘られた穴。

9 〔 ア 〕 紅潮（こうちょう）：緊張や興奮により、顔に赤みがさすこと。

同音・同訓異字⑤

次の——線の**カタカナ**にあてはまる漢字をそれぞれの**ア〜オ**から**一つ**選び、**記号**で答えよ。

□□ **1** 米の収**カク**時期を迎える。 〔　　　〕

□□ **2** 山々が天然の城**カク**になっている。 〔　　　〕

□□ **3** **カク**年に全国大会がある。 〔　　　〕

（ ア 穫　イ 隔　ウ 格　エ 郭　オ 革 ）

□□ **4** 窓を開けて部屋を**カン**気する。 〔　　　〕

□□ **5** **カン**要なのは話を聞くことだ。 〔　　　〕

□□ **6** 日本列島縦断を**カン**行する。 〔　　　〕

（ ア 刊　イ 肝　ウ 看　エ 換　オ 敢 ）

□□ **7** 銀行に預けて貯金を**フ**やす。 〔　　　〕

□□ **8** 討論会で熱弁を**フ**るう。 〔　　　〕

□□ **9** 好きな曲をリコーダーで**フ**く。 〔　　　〕

（ ア 吹　イ 殖　ウ 踏　エ 降　オ 振 ）

（標準解答）　　　　　（解　説）

1 〔 ア 〕 収穫：農作物を取り入れること。

2 〔 エ 〕 城郭：城の外側の囲い。

3 〔 イ 〕 隔年：一年おき。
✎ 二年に一度のこと。

4 〔 エ 〕 換気：汚れた空気を外に出し、新鮮な空気を取り入れること。

5 〔 イ 〕 肝要：非常に大切なこと。類 重要

6 〔 オ 〕 敢行：障害・困難などをものともせず、思い切って行うこと。類 決行、強行

7 〔 イ 〕 殖やす：数量を多くする。
✎ 財産や動植物をふやす場合に用いることが多い。

8 〔 オ 〕 振るう：力を十分に発揮する。

9 〔 ア 〕 吹く：息を出して音を出す。

読み

同音・同訓異字

漢字識別

熟語の構成

部首

対義語・類義語

送りがな

四字熟語

誤字訂正

書き取り

同音・同訓異字⑥

次の──線の**カタカナ**にあてはまる漢字をそれぞれの**ア～オ**から**一つ**選び、**記号**で答えよ。

□□ 1 首都にオリンピックを**ショウ**致する。 [　　　]

□□ 2 極秘に外交折**ショウ**を重ねた。 [　　　]

□□ 3 伝統的な意**ショウ**を継承している。 [　　　]

（ ア 昭 イ 招 ウ 衝 エ 証 オ 匠 ）

□□ 4 広大な庭園で祝**エン**が開かれた。 [　　　]

□□ 5 記念誌に学校の**エン**革を載せる。 [　　　]

□□ 6 落語家の芸が**エン**熟味を増した。 [　　　]

（ ア 沿 イ 園 ウ 円 エ 宴 オ 延 ）

□□ 7 自分の経験を**オリ**交ぜて語った。 [　　　]

□□ 8 相手の心中を**オ**し量る。 [　　　]

□□ 9 秋の草の葉に露が**オ**く。 [　　　]

（ ア 置 イ 推 ウ 押 エ 折 オ 織 ）

（標準解答）　　　（解　説）

1 [イ] 招致：まねいて、来てもらうこと。

2 [ウ] 折衝：利害が異なる相手との駆け引き。

3 [オ] 意匠：物を美しく見せるための形・模様・色彩などの考案。デザイン。

4 [エ] 祝宴：めでたいことを祝う集まり。

5 [ア] 沿革：物事の移り変わり。

6 [ウ] 円熟：人格・知識・技芸などが十分に発達し、豊かさを持つこと。

7 [オ] 織り交ぜる：ある物事に他の物事を組み入れる。

8 [イ] 推し量る：同じような事実をもとに、見当をつける。

9 [ア] 置く：霜や露などが降りる。

読み

同音・同訓異字

漢字識別

熟語の構成

部首

対義語・類義語

送りがな

四字熟語

誤字訂正

書き取り

三つの□に**共通する漢字**を入れて熟語を作れ。漢字は、**1～5**は**ア～コ**から、**6～10**は**サ～ト**から一つ選び、**記号**で答えよ。

□□1　強□・□直・□筆　　[　　]

□□2　□務・負□・□権　　[　　]

□□3　□慮・□燥・□点　　[　　]

□□4　□敗・痛□・□別　　[　　]

□□5　□生・□理・□食　　[　　]

ア　執
イ　摂
ウ　硬
エ　政
オ　惜
カ　考
キ　債
ク　苦
ケ　焦
コ　夢

□□6　沈□・□納・停□　　[　　]

□□7　受□・承□・□否　　[　　]

□□8　□名・隠□・秘□　　[　　]

□□9　□素・検□・利□　　[　　]

□□10　□採・征□・間□　　[　　]

サ　伐
シ　匿
ス　要
セ　尿
ソ　止
タ　滞
チ　領
ツ　諾
テ　密
ト　服

	標準解答	解 説
1	ウ	強硬：強く主張し押し通そうとするさま。 硬直：かたくてまっすぐに張っているさま。 硬筆：鉛筆やペンなどの先のかたい文具。
2	キ	債務：借金を返すべき責任や義務。 負債：他から金銭を借りること。 債権：借金の返済などを要求できる権利。
3	ク	焦慮：あせって、気をいらだたせること。 焦燥：あせって、気をもむこと。 焦点：注意や興味などが集中するところ。
4	オ	惜敗：おしいところで敗れること。 痛惜：ひどくおしみ残念に思うこと。 惜別：別れをおしむこと。
5	イ	摂生：体によくないことを慎むこと。 摂理：自然界を支配する法則。 摂食：食物を食べること。
6	タ	沈滞：沈みとどこおること。 滞納：期限を過ぎても金銭を納めないこと。 停滞：物事がとどまり、進まないこと。
7	テ	受諾：引き受けること。 承諾：他人の願いや要求を引き受けること。 諾否：承知するか、しないか。
8	シ	匿名：本名を隠すこと。 隠匿：ことさらに隠すこと。 秘匿：ひそかに隠しておくこと。
9	セ	尿素：尿のたんぱく質が分解した生成物。 検尿：小便を採取して、体の状態を調べること。 利尿：小便がよく出るようになること。
10	サ	伐採：樹木を切り倒して運び出すこと。 征伐：兵力を用いて悪人などを討つこと。 間伐：森林などで、不要な木を切ること。

読み

同音・同訓異字

漢字識別

熟語の構成

部首

対義語・類義語

送りがな

四字熟語

誤字訂正

書き取り

漢字識別②

三つの□に**共通する漢字**を入れて熟語を作れ。漢字は、**1～5**は**ア～コ**から、**6～10**は**サ～ト**から**一つ**選び、**記号**で答えよ。

□□ 1 同□・□奏・□走 　　ア 志　イ 擁　ウ 陳　エ 著　オ 力　カ 没　キ 本　ク 伴　ケ 成　コ 揚 　[　]

□□ 2 □述・開□・□腐 　[　]

□□ 3 日□・□頭・□落 　[　]

□□ 4 掲□・高□・浮□ 　[　]

□□ 5 □護・□立・抱□ 　[　]

□□ 6 □盛・□起・興□ 　　サ 潔　シ 廉　ス 出　セ 隆　ソ 決　タ 佳　チ 対　ツ 漏　テ 密　ト 励 　[　]

□□ 7 □行・精□・激□ 　[　]

□□ 8 □価・清□・□売 　[　]

□□ 9 □電・脱□・□水 　[　]

□□ 10 □作・絶□・□境 　[　]

標準解答　　　　**解　説**

1 [ク]
同伴：連れ立って行くこと。
伴奏：他の楽器で補助的に演奏すること。
伴走：競技者につきそって走ること。

2 [ウ]
陳述：意見や考えを申し述べること。
開陳：大勢の前で自分の意見を述べること。
陳腐：ありふれて古くさく、趣に欠けること。

3 [カ]
日没：太陽が地平線などに沈むこと。
没頭：他のことを忘れ、熱中すること。
没落：栄えていたものが、衰えること。

4 [コ]
掲揚：旗などを高い所に掲げること。
高揚：気分や精神を高めること。高まること。
浮揚：水中や空中に浮かび上がること。

5 [イ]
擁護：大切にかばいまもること。
擁立：高い位に就かせるため盛り立てること。
抱擁：愛情を込めて抱きかかえること。

6 [セ]
隆盛：勢いが盛んなこと。
隆起：土地などが高く盛り上がること。
興隆：物事がおこり、盛んになること。

7 [ト]
励行：努力して必ず実行すること。
精励：職務や学業に、精を出すこと。
激励：元気が出るように、はげますこと。

8 [シ]
廉価：値段が安いこと。
清廉：心が清らかで私欲のないこと。
廉売：物を安く売ること。

9 [ツ]
漏電：電気が外へもれること。
脱漏：必要なものが抜けること。
漏水：水がもれ出ること。

10 [タ]
佳作：できばえの優れた作品。
絶佳：景色が優れて美しいこと。
佳境：最もおもしろいと感じるところ。

読み

同音・同訓異字

漢字識別

熟語の構成

部首

対義語・類義語

送りがな

四字熟語

誤字訂正

書き取り

133

漢字識別③

三つの□に**共通する漢字**を入れて熟語を作れ。漢字は、**1～5**は**ア～コ**から、**6～10**は**サ～ト**から**一つ**選び、**記号**で答えよ。

□□1　□葬・□没・□蔵　［　　］

□□2　□筆・確□・□念　［　　］

□□3　□沢・豊□・□滑油　［　　］

□□4　栄□・□水・弱□　［　　］

□□5　濃□・□雪・□泊　［　　］

ア　淡
イ　厚
ウ　執
エ　火
オ　潤
カ　光
キ　冠
ク　加
ケ　富
コ　埋

□□6　進□・□留・□輪　［　　］

□□7　欠□・突□・躍□　［　　］

□□8　□弁・□烈・耐□　［　　］

□□9　遭□・処□・不□　［　　］

□□10　開□・主□・□促　［　　］

サ　遇
シ　駐
ス　催
セ　残
ソ　分
タ　始
チ　然
ツ　強
テ　如
ト　熱

標準解答 | 解 説

1 [コ]
埋葬：遺体を土の中にうめ、ほうむること。
埋没：うもれ隠れてしまうこと。
埋蔵：地中にうずめ隠すこと。

2 [ウ]
執筆：ペンや筆をとって文章を書くこと。
確執：意見を主張して譲らないこと。
執念：一つのことに集中して離れられない心。

3 [オ]
潤沢：豊富にある様子。
豊潤：豊かで、うるおいのあること。
潤滑油：機械の摩擦を減らすために使う油。

4 [キ]
栄冠：勝利などをたたえて与えられるもの。
冠水：大水のため、水をかぶること。
弱冠：年が若いこと。

5 [ア]
濃淡：色や味の濃さと薄さ。
淡雪：うっすらと積もった、消えやすい雪。
淡泊：色や味があっさりしていること。

6 [シ]
進駐：他国の領土に軍隊を進め、とどまること。
駐留：軍隊が一時、ある土地に滞在すること。
駐輪：自転車をとめておくこと。

7 [テ]
欠如：あるべきものが不足していること。
突如：急に。にわかに。
躍如：いきいきと目の前に現れている様子。

8 [ト]
熱弁：心を込めて力強く語ること。
熱烈：感情が高ぶって勢いが激しいさま。
耐熱：熱に対して丈夫であること。

9 [サ]
遭遇：思いがけないことに出あうこと。
処遇：人の扱い方。
不遇：運が悪く、世間に認められないこと。

10 [ス]
開催：会合や式典などを開き行うこと。
主催：中心となって行事を行うこと。
催促：早くするように、せきたてること。

読み / 同音・同訓異字 / 漢字識別 / 熟語の構成 / 部首 / 対義語・類義語 / 送りがな / 四字熟語 / 誤字訂正 / 書き取り

135

漢字識別④

三つの□に**共通する漢字**を入れて熟語を作れ。漢字は、**1～5**は**ア～コ**から、**6～10**は**サ～ト**から**一つ**選び、記号で答えよ。

□□ 1 □願・悲□・□切 〔　〕

□□ 2 □問・□労・□留 〔　〕

□□ 3 □密・□縮・□迫 〔　〕

□□ 4 □胆・精□・闘□ 〔　〕

□□ 5 □誤・交□・倒□ 〔　〕

ア 親
イ 大
ウ 魂
エ 慰
オ 残
カ 秘
キ 緊
ク 壊
ケ 哀
コ 錯

□□ 6 □歩・□与・分□ 〔　〕

□□ 7 屈□・追□・□展 〔　〕

□□ 8 □伴・□想・□筆 〔　〕

□□ 9 □服・□明・相□ 〔　〕

□□ 10 □越・□過・□然 〔　〕

サ 賞
シ 夢
ス 随
セ 不
ソ 克
タ 発
チ 譲
ツ 必
テ 伸
ト 超

標準解答	解　説

1 [ケ]
哀願：あわれっぽく頼み込むこと。
悲哀：悲しくあわれなこと。
哀切：ひどくあわれで悲しげなこと。

2 [エ]
慰問：病人などを訪ねてなぐさめること。
慰労：苦労をなぐさめ、いたわること。
慰留：なだめて思いとどまらせること。

3 [キ]
緊密：すきまなくくっついている様子。
緊縮：きつく引き締めること。
緊迫：状況などが差し迫っていること。

4 [ウ]
魂胆：よくないたくらみ。
精魂：ある物事に打ち込む精神力。
闘魂：力の続く限り闘おうとする意気込み。

5 [コ]
錯誤：事実に対する誤り。
交錯：いくつかのものが入りまじること。
倒錯：さかさまになること。逆になること。

6 [チ]
譲歩：他の意見を受け入れること。
譲与：ゆずり与えること。
分譲：いくつかに分け、売り渡すこと。

7 [テ]
屈伸：かがんだりのびたりすること。
追伸：本文を書き終えた後に付け加える文。
伸展：勢力などが、のび広がること。

8 [ス]
随伴：供として付き従っていくこと。
随想：思いつくまま折にふれて感じた事柄。
随筆：気の向くままに書いた文章。

9 [ソ]
克服：努力して困難に打ち勝つこと。
克明：一つ一つ細かく入念にすること。
相克：対立するものが互いに争うこと。

10 [ト]
超越：普通の程度や範囲を上回ること。
超過：時間や数量が限度をこえること。
超然：物事にこだわらず動じない様子。

読み｜同音・同訓異字｜漢字識別｜熟語の構成｜部首｜対義語・類義語｜送りがな｜四字熟語｜誤字訂正｜書き取り

137

熟語の構成①

熟語の構成のしかたには[   ]内の**ア～オ**のようなものがある。
次の熟語は[   ]内の**ア～オ**のどれにあたるか、**一つ選び**、**記号**で答えよ。

□□ 1 未決 [   ]

□□ 2 常駐 [   ]

ア 同じような意味の漢字を重ねたもの（岩石）

□□ 3 解凍 [   ]

イ 反対または対応の意味を表す字を重ねたもの（高低）

□□ 4 養豚 [   ]

□□ 5 討伐 [   ]

ウ 前の字が後の字を修飾しているもの（洋画）

□□ 6 尊卑 [   ]

エ 後の字が前の字の目的語・補語になっているもの（着席）

□□ 7 潔癖 [   ]

□□ 8 丘陵 [   ]

オ 前の字が後の字の意味を打ち消しているもの（非常）

□□ 9 共謀 [   ]

□□ 10 出没 [   ]

（標準解答）　　　解　説

1 ［ オ ］
未決：まだ決まっていないこと。
構成 未 × 決 打消
まだ決まっていない。

2 ［ ウ ］
常駐：いつも決まった場所にいること。
構成 常 → 駐 修飾
常にとどまる。

3 ［ エ ］
解凍：凍ったものを元の状態にもどすこと。
構成 解 ← 凍 目的
凍ったものを解かす。

4 ［ エ ］
養豚：肉や皮をとるために、ブタを飼育すること。
構成 養 ← 豚 目的
豚を養う。

5 ［ ア ］
討伐：兵を派遣し、従わない者を攻めうつこと。
構成 討 ═ 伐 同義
どちらも「うつ」という意味。

6 ［ イ ］
尊卑：尊いものと卑しいもの。
構成 尊 ←→ 卑 対義
「尊い」と「卑しい」、反対の意味。

7 ［ ウ ］
潔癖：不潔や不正をひどくきらう性質。
構成 潔 → 癖 修飾
きよい癖。潔は「きよらかな」という意味。

8 ［ ア ］
丘陵：起伏のなだらかな小山。
構成 丘 ═ 陵 同義
どちらも「おか」という意味。

9 ［ ウ ］
共謀：共同で悪事をたくらむこと。
構成 共 → 謀 修飾
共に謀る。

10 ［ イ ］
出没：現れたり隠れたりすること。
構成 出 ←→ 没 対義
「現れる」と「隠れる」、反対の意味。

読み

同音・同訓異字

漢字識別

熟語の構成

部首

対義語・類義語

送りがな

四字熟語

誤字訂正

書き取り

139

熟語の構成②

熟語の構成のしかたには □□□□ 内の**ア～オ**のようなものがある。
次の熟語は □□□□ 内の**ア～オ**のどれにあたるか、**一つ**選び、**記号**で答えよ。

☐☐ 1 粘膜 〔 〕

☐☐ 2 抱擁 〔 〕

☐☐ 3 未明 〔 〕

☐☐ 4 無粋 〔 〕

☐☐ 5 慰霊 〔 〕

☐☐ 6 波浪 〔 〕

☐☐ 7 哀歓 〔 〕

☐☐ 8 耐震 〔 〕

☐☐ 9 裸眼 〔 〕

☐☐ 10 催眠 〔 〕

ア	同じような意味の漢字を重ねたもの（岩石）
イ	反対または対応の意味を表す字を重ねたもの（高低）
ウ	前の字が後の字を修飾しているもの（洋画）
エ	後の字が前の字の目的語・補語になっているもの（着席）
オ	前の字が後の字の意味を打ち消しているもの（非常）

（標準解答）　　　　　　　　解　説

1［ ウ ］
粘膜：くち・鼻などの内面を覆う、柔らかい膜。
構成 粘 → 膜 修飾
粘り気のある膜。

2［ ア ］
抱擁：愛情を込めて抱きかかえること。
構成 抱 ＝ 擁 同義
どちらも「だく」という意味。

3［ オ ］
未明：夜がまだ、すっかり明けきらないころ。
構成 未 × 明 打消
まだ明けていない。

4［ オ ］
無粋：人情など、粋を理解できないこと。
構成 無 × 粋 打消
粋でない。

5［ エ ］
慰霊：死者の霊魂を慰めること。
構成 慰 ← 霊 目的
霊を慰める。

6［ ア ］
波浪：なみ。大波小波。
構成 波 ＝ 浪 同義
どちらも「なみ」という意味。

7［ イ ］
哀歓：かなしみとよろこび。
構成 哀 ↔ 歓 対義
「かなしみ」と「よろこび」、反対の意味。

8［ エ ］
耐震：建物などが地震にあっても倒れにくいこと。
構成 耐 ← 震 目的
地震に耐える。

9［ ウ ］
裸眼：眼鏡などをつけていない目。
構成 裸 → 眼 修飾
裸の眼。裸は「むきだしの」という意味。

10［ エ ］
催眠：暗示・薬物などにより眠気を催させること。
構成 催 ← 眠 目的
眠りを催す。

読み／同音・同訓異字／漢字識別／熟語の構成／部首／対義語・類義語／送りがな／四字熟語／誤字訂正／書き取り

熟語の構成③

熟語の構成のしかたには□□内の**ア～オ**のようなものがある。
次の熟語は□□内の**ア～オ**のどれにあたるか、**一つ**選び、**記号**で答えよ。

□□ 1 彼我　　　　　　　　　　　　　　　　[　　]

□□ 2 棄権　　　　　　　　　　　　　　　　[　　]

ア	同じような意味の漢字を重ねたもの（岩石）

□□ 3 錯誤　　　　　　　　　　　　　　　　[　　]

イ	反対または対応の意味を表す字を重ねたもの（高低）

□□ 4 出納　　　　　　　　　　　　　　　　[　　]

□□ 5 不審　　　　　　　　　　　　　　　　[　　]

ウ	前の字が後の字を修飾しているもの（洋画）

□□ 6 粗密　　　　　　　　　　　　　　　　[　　]

エ	後の字が前の字の目的語・補語になっているもの（着席）

□□ 7 撮影　　　　　　　　　　　　　　　　[　　]

□□ 8 佳境　　　　　　　　　　　　　　　　[　　]

オ	前の字が後の字の意味を打ち消しているもの（非常）

□□ 9 聴講　　　　　　　　　　　　　　　　[　　]

□□ 10 厳禁　　　　　　　　　　　　　　　　[　　]

標準解答	解　説

1 [イ]

彼我：彼と我。相手方と自分方。
構成 彼 ⟷ 我 対義
「相手」と「自分」、反対の意味。

2 [エ]

棄権：権利を捨てること。
構成 棄 ← 権 目的
権利をすてる。

3 [ア]

錯誤：事実に対する誤り。
構成 錯 ＝＝ 誤 同義
どちらも「まちがえる」という意味。

4 [イ]

出納：金銭や物品の出し入れ。支出と収入。
構成 出 ⟷ 納 対義
「出す」と「納める」、反対の意味。

5 [オ]

不審：疑問に思うこと。
構成 不 × 審 打消
あきらかでない。審は「あきらか」という意味。

6 [イ]

粗密：粗いことと、細かいこと。
構成 粗 ⟷ 密 対義
粗は「あらい」、密は「こまかい」で、反対の意味。

7 [エ]

撮影：写真や映画などを撮ること。
構成 撮 ← 影 目的
すがたを撮る。影は「すがた」という意味。

8 [ウ]

佳境：最もおもしろいと感じるところ。
構成 佳 → 境 修飾
よいところ。佳は「よい」という意味。

9 [エ]

聴講：講義や講演を聴くこと。
構成 聴 ← 講 目的
講義を聴く。

10 [ウ]

厳禁：厳重に禁止すること。
構成 厳 → 禁 修飾
厳しく禁じる。

読み

同音・同訓異字

漢字識別

熟語の構成

部首

対義語・類義語

送りがな

四字熟語

誤字訂正

書き取り

143

熟語の構成④

熟語の構成のしかたには [____] 内の**ア～オ**のようなものがある。
次の熟語は [____] 内の**ア～オ**のどれにあたるか、**一つ**選び、**記号**で答えよ。

☐☐ 1 長幼　　　　　　　　　　　　[　　]

☐☐ 2 免税　　　　　　　　　　　　[　　]

ア	同じような意味の漢字を重ねたもの（岩石）
イ	反対または対応の意味を表す字を重ねたもの（高低）
ウ	前の字が後の字を修飾しているもの（洋画）
エ	後の字が前の字の目的語・補語になっているもの（着席）
オ	前の字が後の字の意味を打ち消しているもの（非常）

☐☐ 3 引率　　　　　　　　　　　　[　　]

☐☐ 4 未完　　　　　　　　　　　　[　　]

☐☐ 5 譲位　　　　　　　　　　　　[　　]

☐☐ 6 因果　　　　　　　　　　　　[　　]

☐☐ 7 締結　　　　　　　　　　　　[　　]

☐☐ 8 芳香　　　　　　　　　　　　[　　]

☐☐ 9 既成　　　　　　　　　　　　[　　]

☐☐ 10 翻意　　　　　　　　　　　[　　]

（標準解答）　　　　（解　説）

1 [イ]
長幼：年上と年下。
構成 長 ←→ 幼 対義
「年長者」と「年少者」、反対の意味。

2 [エ]
免税：税金を免除すること。
構成 免 ← 税 目的
税を免じる。

3 [ア]
引率：引き連れて行くこと。
構成 引 ＝ 率 同義
「引く」と「率いる」、同じような意味。

4 [オ]
未完：まだ完成していないこと。
構成 未 × 完 打消
まだ完成していない。

5 [エ]
譲位：天皇・君主がその位を譲ること。
構成 譲 ← 位 目的
位を譲る。

6 [イ]
因果：原因と結果。
構成 因 ←→ 果 対義
「原因」と「結果」、反対の意味。

7 [ア]
締結：条約や契約を取り結ぶこと。
構成 締 ＝ 結 同義
どちらも「むすぶ」という意味。

8 [ウ]
芳香：よい香り。かぐわしい香り。
構成 芳 → 香 修飾
かぐわしい香り。

9 [ウ]
既成：すでにできあがっていること。
構成 既 → 成 修飾
既に成り立っている。

10 [エ]
翻意：決心を変えること。
構成 翻 ← 意 目的
意志を翻す。

読み

同音・同訓異字

漢字識別

熟語の構成

部首

対義語・類義語

送りがな

四字熟語

誤字訂正

書き取り

145

熟語の構成⑤

熟語の構成のしかたには□□内の**ア～オ**のようなものがある。次の熟語は□□内の**ア～オ**のどれにあたるか、**一つ選び、記号**で答えよ。

☐☐ 1 徐行 　　　　　　　　　　　　　[　]

☐☐ 2 虚実 　　　　　　　　　　　　　[　]

☐☐ 3 隔世 　　　　　　　　　　　　　[　]

☐☐ 4 未詳 　　　　　　　　　　　　　[　]

☐☐ 5 暫定 　　　　　　　　　　　　　[　]

☐☐ 6 濫発 　　　　　　　　　　　　　[　]

☐☐ 7 娯楽 　　　　　　　　　　　　　[　]

☐☐ 8 墜落 　　　　　　　　　　　　　[　]

☐☐ 9 愚問 　　　　　　　　　　　　　[　]

☐☐ 10 換言 　　　　　　　　　　　　　[　]

ア　同じような意味の漢字を重ねたもの
　　　　　　　（岩石）

イ　反対または対応の意味を表す字を重ねたもの
　　　　　　　（高低）

ウ　前の字が後の字を修飾しているもの
　　　　　　　（洋画）

エ　後の字が前の字の目的語・補語になっているもの
　　　　　　　（着席）

オ　前の字が後の字の意味を打ち消しているもの
　　　　　　　（非常）

標準解答　　　　　解　説

1 [ウ]
徐行：ゆっくり進むこと。
構成 徐 → 行 修飾
ゆっくりと行く。徐は「ゆっくりと」という意味。

2 [イ]
虚実：うそと真実。
構成 虚 ←→ 実 対義
「うそ」と「真実」、反対の意味。

3 [エ]
隔世：時代や世代が隔たっていること。
構成 隔 ← 世 目的
世を隔てる。

4 [オ]
未詳：今のところ、詳しくわかっていないこと。
構成 未 × 詳 打消
まだ詳しくわかっていない。

5 [ウ]
暫定：一時的に決めること。
構成 暫 → 定 修飾
しばらく定める。

6 [ウ]
濫発：言葉などをむやみに発すること。
構成 濫 → 発 修飾
みだりに発する。濫は「みだりに」という意味。

7 [ア]
娯楽：人の心を楽しませ、慰めるもの。
構成 娯 ＝ 楽 同義
どちらも「たのしむ」という意味。

8 [ア]
墜落：高い所から落ちること。
構成 墜 ＝ 落 同義
どちらも「おちる」という意味。

9 [ウ]
愚問：くだらない質問。
構成 愚 → 問 修飾
愚かな問い。

10 [エ]
換言：他の言葉で言い換えること。
構成 換 ← 言 目的
言葉を換える。

読み

同音・同訓異字

漢字識別

熟語の構成

部首

対義語・類義語

送りがな

四字熟語

誤字訂正

書き取り

熟語の構成⑥

熟語の構成のしかたには □□□□ 内の**ア～オ**のようなものがある。
次の熟語は □□□□ 内の**ア～オ**のどれにあたるか、**一つ**選び、**記号**で答えよ。

☐☐ 1 緩急 　　　　　　　　　　　　　［　　］

☐☐ 2 不慮 　　　　　　　　　　　　　［　　］

ア	同じような意味の漢字を重ねたもの（岩石）
イ	反対または対応の意味を表す字を重ねたもの（高低）
ウ	前の字が後の字を修飾しているもの（洋画）
エ	後の字が前の字の目的語・補語になっているもの（着席）
オ	前の字が後の字の意味を打ち消しているもの（非常）

☐☐ 3 猟犬 　　　　　　　　　　　　　［　　］

☐☐ 4 悦楽 　　　　　　　　　　　　　［　　］

☐☐ 5 既知 　　　　　　　　　　　　　［　　］

☐☐ 6 喫茶 　　　　　　　　　　　　　［　　］

☐☐ 7 栄枯 　　　　　　　　　　　　　［　　］

☐☐ 8 濫用 　　　　　　　　　　　　　［　　］

☐☐ 9 気孔 　　　　　　　　　　　　　［　　］

☐☐ 10 訪欧 　　　　　　　　　　　　　［　　］

標準解答 解 説

1 [イ]
緩急：遅いことと速いこと。
構成 緩 ←→ 急 **対義**
「緩やかだ」と「急だ」、反対の意味。

2 [オ]
不慮：思いがけないこと。
構成 不 × 慮 **打消**
思っていない。慮は「思いめぐらす」という意味。

3 [ウ]
猟犬：狩りに使う犬。
構成 猟 → 犬 **修飾**
猟に使う犬。

4 [ア]
悦楽：心から満足して楽しむこと。
構成 悦 ＝＝ 楽 **同義**
どちらも「たのしむ」という意味。

5 [ウ]
既知：すでに知っていること。
構成 既 → 知 **修飾**
既に知っている。

6 [エ]
喫茶：茶を飲むこと。
構成 喫 ←— 茶 **目的**
茶をのむ。喫は「のむ」という意味。

7 [イ]
栄枯：栄えることと衰えること。
構成 栄 ←→ 枯 **対義**
「栄える」と「枯れる」、反対の意味。

8 [ウ]
濫用：考えもなくむやみに使うこと。
構成 濫 → 用 **修飾**
みだりに用いる。

9 [ウ]
気孔：植物の表皮にある空気などが通る小さな穴。
構成 気 → 孔 **修飾**
空気を通すあな。孔は「あな」という意味。

10 [エ]
訪欧：ヨーロッパを訪問すること。
構成 訪 ←— 欧 **目的**
ヨーロッパを訪れる。欧は「ヨーロッパ」を表す。

読み

同音・同訓異字

漢字識別

熟語の構成

部首

対義語・類義語

送りがな

四字熟語

誤字訂正

書き取り

149

熟語の構成⑦

熟語の構成のしかたには____内の**ア〜オ**のようなものがある。
次の熟語は____内の**ア〜オ**のどれにあたるか、**一つ選び、記号**で答えよ。

□□ 1 休憩 　　　　　　　[　]

□□ 2 晩鐘 　　　　　　　[　]

□□ 3 応答 　　　　　　　[　]

□□ 4 未婚 　　　　　　　[　]

□□ 5 怪獣 　　　　　　　[　]

□□ 6 遠征 　　　　　　　[　]

□□ 7 養蚕 　　　　　　　[　]

□□ 8 家畜 　　　　　　　[　]

□□ 9 賞罰 　　　　　　　[　]

□□10 遭難 　　　　　　　[　]

ア　同じような意味の漢字
　　を重ねたもの
　　　　　　　　（岩石）

イ　反対または対応の意味
　　を表す字を重ねたもの
　　　　　　　　（高低）

ウ　前の字が後の字を修飾
　　しているもの
　　　　　　　　（洋画）

エ　後の字が前の字の目的
　　語・補語になっている
　　もの　　　　（着席）

オ　前の字が後の字の意味
　　を打ち消しているもの
　　　　　　　　（非常）

標準解答 | 解説

1 [ア]
休憩：仕事・運動などを一時やめて休むこと。
構成 休＝＝憩 同義
どちらも「やすむ」という意味。

2 [ウ]
晩鐘：夕方に鳴らす寺院や教会の鐘。
構成 晩 →鐘 修飾
晩の鐘。

3 [ア]
応答：相手の問いかけに答えること。
構成 応＝＝答 同義
どちらも「こたえる」という意味。

4 [オ]
未婚：まだ結婚していないこと。
構成 未 × 婚 打消
まだ結婚していない。

5 [ウ]
怪獣：正体不明の不思議なけだもの。
構成 怪 →獣 修飾
怪しい獣。

6 [ウ]
遠征：遠くまで出かけて試合などをすること。
構成 遠 →征 修飾
遠くにゆく。征は「戦いなどにゆく」という意味。

7 [エ]
養蚕：カイコを飼い、まゆをとること。
構成 養 ←蚕 目的
蚕を養う。

8 [ウ]
家畜：生活のために、家や農園などで飼う動物。
構成 家 →畜 修飾
家で飼う動物。畜は「飼われる動物」という意味。

9 [イ]
賞罰：ほめることと罰すること。
構成 賞 ←→罰 対義
「ほめる」と「罰する」、反対の意味。

10 [エ]
遭難：命を落とすような、危険に遭うこと。
構成 遭 ←難 目的
災難に遭う。

151

部首①

次の漢字の**部首**を**ア〜エ**から**一つ**選び、**記号**で答えよ。

☐☐ 1 菊（ ア ク イ ⺾ ウ 米 エ 十 ）[ ]

☐☐ 2 尿（ ア 尸 イ ｜ ウ ノ エ 水 ）[ ]

☐☐ 3 嬢（ ア 女 イ 亠 ウ ハ エ 衣 ）[ ]

☐☐ 4 酔（ ア 乙 イ 十 ウ 西 エ 酉 ）[ ]

☐☐ 5 欧（ ア 匚 イ ノ ウ 欠 エ 人 ）[ ]

☐☐ 6 瀬（ ア 氵 イ 木 ウ 口 エ 頁 ）[ ]

☐☐ 7 虐（ ア ト イ 匚 ウ 虍 エ 厂 ）[ ]

☐☐ 8 厘（ ア 厂 イ ノ ウ 土 エ 里 ）[ ]

☐☐ 9 昇（ ア ノ イ ⺾ ウ 十 エ 日 ）[ ]

☐☐ 10 戦（ ア ⺌ イ 弋 ウ 戈 エ 田 ）[ ]

標準解答	解 説

1 [イ]
部首(部首名) 艹（くさかんむり）
✎ 艹の漢字例：華、芳、蒸　など

2 [ア]
部首(部首名) 尸（かばね・しかばね）
✎ 尸の漢字例：屈、尽　など

3 [ア]
部首(部首名) 女（おんなへん）
✎ 女の漢字例：妨、娯　など

4 [エ]
部首(部首名) 酉（とりへん）
✎ 酉の漢字例：酵、酸　など

5 [ウ]
部首(部首名) 欠（あくび・かける）
✎ 欠の漢字例：欺、歓、欲　など

6 [ア]
部首(部首名) 氵（さんずい）
✎ 氵の漢字例：滑、没　など

7 [ウ]
部首(部首名) 虍（とらがしら・とらかんむり）
✎ 虍の漢字例：虚　など

8 [ア]
部首(部首名) 厂（がんだれ）
✎ 厂の漢字例：厚、原　など

9 [エ]
部首(部首名) 日（ひ）
✎ 日の漢字例：晶、旨、暦　など

10 [ウ]
部首(部首名) 戈（ほこづくり・ほこがまえ）
✎ 戈の漢字例：戒、戯　など

読み

同音・同訓異字

漢字識別

熟語の構成

部首

対義語・類義語

送りがな

四字熟語

誤字訂正

書き取り

※辞典や参考書により、部首や部首名の表記が異なる場合がありますが、「漢検」では定められた
部首・部首名で解答する必要があります。採点基準は巻頭ページをご覧ください。

部首②

次の漢字の**部首**を**ア～エ**から**一つ**選び、**記号**で答えよ。

□□ 1 房 （ ア 方 イ 戸 ウ 尸 エ 一 ） [　]

□□ 2 農 （ ア 辰 イ 日 ウ 厂 エ 田 ） [　]

□□ 3 冗 （ ア 几 イ ノ ウ ル エ 冖 ） [　]

□□ 4 嘱 （ ア 尸 イ 口 ウ 冂 エ 虫 ） [　]

□□ 5 企 （ ア 人 イ 卜 ウ 一 エ 止 ） [　]

□□ 6 塊 （ ア 土 イ ム ウ ル エ 鬼 ） [　]

□□ 7 乳 （ ア ノ イ ⺍ ウ 子 エ し ） [　]

□□ 8 暫 （ ア 日 イ 車 ウ 斤 エ 十 ） [　]

□□ 9 髄 （ ア 辶 イ 月 ウ 骨 エ 冖 ） [　]

□□ 10 斗 （ ア | イ 十 ウ 丶 エ 斗 ） [　]

（標準解答）　　（解説）

1 [イ]　部首(部首名) 戸 （とだれ・とかんむり）
✎ 戸の漢字例：扇　など

2 [ア]　部首(部首名) 辰 （しんのたつ）
✎ 辰の漢字例：辱

3 [エ]　部首(部首名) 冖 （わかんむり）
✎ 冖の漢字例：冠、写　など

4 [イ]　部首(部首名) 口 （くちへん）
✎ 口の漢字例：喚、叫、咲　など

5 [ア]　部首(部首名) 人 （ひとやね）
✎ 人の漢字例：介、余　など

6 [ア]　部首(部首名) 扌 （つちへん）
✎ 扌の漢字例：壇、墳　など

7 [エ]　部首(部首名) 乚 （おつ）
✎ 乚の漢字例：乱

8 [ア]　部首(部首名) 日 （ひ）
✎ 日の漢字例：晶、旨、暦　など

9 [ウ]　部首(部首名) 骨 （ほねへん）

10 [エ]　部首(部首名) 斗 （とます）
✎ 斗の漢字例：斜、料

読み

同音・同訓異字

漢字識別

熟語の構成

部首

対義語・類義語

送りがな

四字熟語

誤字訂正

書き取り

155

部首③

次の漢字の**部首**を**ア〜エ**から**一つ**選び、**記号**で答えよ。

☐☐ 1 罰 (ア 言 イ 罒 ウ 丨 エ 刂) [　]

☐☐ 2 墨 (ア 里 イ 土 ウ 黒 エ 灬) [　]

☐☐ 3 喫 (ア 口 イ 土 ウ 刀 エ 大) [　]

☐☐ 4 虚 (ア 厂 イ 广 ウ 虍 エ 一) [　]

☐☐ 5 掌 (ア 丷 イ 冖 ウ 口 エ 手) [　]

☐☐ 6 夏 (ア 一 イ 夂 ウ 目 エ 自) [　]

☐☐ 7 射 (ア 寸 イ ノ ウ 身 エ 丶) [　]

☐☐ 8 卓 (ア 日 イ ト ウ 十 エ 一) [　]

☐☐ 9 殴 (ア 又 イ 几 ウ 殳 エ 匸) [　]

☐☐ 10 衝 (ア 里 イ 二 ウ 彳 エ 行) [　]

1回目	2回目
/10問	/10問

▶▶▶ 1章
▶▶▶ 2章
▶▶▶ 3章

（標準解答）　　　（解　説）

読み

1 [イ] **部首(部首名)** 罒（あみがしら・あみめ・よこめ）
　✍ 罒の漢字例：署、罪　など

同音・同訓異字

2 [イ] **部首(部首名)** 土（つち）
　✍ 土の漢字例：墾、墜、塗　など

漢字識別

3 [ア] **部首(部首名)** 口（くちへん）
　✍ 口の漢字例：喚、叫、咲　など

熟語の構成

4 [ウ] **部首(部首名)** 虍（とらがしら・とらかんむり）
　✍ 虍の漢字例：虐　など

5 [エ] **部首(部首名)** 手（て）
　✍ 手の漢字例：撃、承、挙　など

部首

6 [イ] **部首(部首名)** 夂（すいにょう・ふゆがしら）
　✍ 夂の漢字例：変

対義語・類義語

7 [ア] **部首(部首名)** 寸（すん）
　✍ 寸の漢字例：寿、封、尋　など

送りがな

8 [ウ] **部首(部首名)** 十（じゅう）
　✍ 十の漢字例：協、卒、博　など

四字熟語

9 [ウ] **部首(部首名)** 殳（るまた・ほこづくり）
　✍ 殳の漢字例：殿、段　など

誤字訂正

10 [エ] **部首(部首名)** 行（ぎょうがまえ・ゆきがまえ）
　✍ 行の漢字例：術、衛　など

書き取り

157

部首④

次の漢字の**部首**を**ア～エ**から**一つ**選び、**記号**で答えよ。

☐☐ 1 疑 （ ア 疋 イ 矢 ウ ヒ エ 人 ） 〔　　〕

☐☐ 2 帝 （ ア 一 イ 立 ウ 巾 エ 亠 ） 〔　　〕

☐☐ 3 乏 （ ア 人 イ 、 ウ ノ エ 乙 ） 〔　　〕

☐☐ 4 吉 （ ア 一 イ 十 ウ 士 エ 口 ） 〔　　〕

☐☐ 5 孔 （ ア し イ 一 ウ 子 エ 亅 ） 〔　　〕

☐☐ 6 裁 （ ア 土 イ 戈 ウ 衣 エ 弋 ） 〔　　〕

☐☐ 7 処 （ ア タ イ 几 ウ ノ エ 夂 ） 〔　　〕

☐☐ 8 老 （ ア ノ イ ヒ ウ 耂 エ 土 ） 〔　　〕

☐☐ 9 街 （ ア 彳 イ 土 ウ 行 エ 亅 ） 〔　　〕

☐☐ 10 卑 （ ア ノ イ 白 ウ 田 エ 十 ） 〔　　〕

| （標準解答） | （解　説） |

1 〔 ア 〕
部首(部首名) 疋（ひき）
✐ 常用漢字で疋を部首とする漢字は疑のみ。

2 〔 ウ 〕
部首(部首名) 巾（はば）
✐ 巾の漢字例：幕、常　など

3 〔 ウ 〕
部首(部首名) ノ（の・はらいぼう）
✐ ノの漢字例：久、乗

4 〔 エ 〕
部首(部首名) 口（くち）
✐ 口の漢字例：哀、啓、哲　など

5 〔 ウ 〕
部首(部首名) 孑（こへん）
✐ 孑の漢字例：孤、孫

6 〔 ウ 〕
部首(部首名) 衣（ころも）
✐ 衣の漢字例：袋、裂　など

7 〔 イ 〕
部首(部首名) 几（つくえ）
✐ 几の漢字例：凡

8 〔 ウ 〕
部首(部首名) 耂（おいかんむり・おいがしら）
✐ 耂の漢字例：者、考

9 〔 ウ 〕
部首(部首名) 行（ぎょうがまえ・ゆきがまえ）
✐ 行の漢字例：術、衛　など

10 〔 エ 〕
部首(部首名) 十（じゅう）
✐ 十の漢字例：協、卒、博　など

読み

同音・同訓異字

漢字識別

熟語の構成

部首

対義語・類義語

送りがな

四字熟語

誤字訂正

書き取り

対義語・類義語①

内のひらがなを漢字に直して□に入れ、**対義語・類義語**を作れ。 内のひらがなは一度だけ使い、**漢字一字**で答えよ。

□□ 1	愛護－虐□	[　　]
□□ 2	一般－特□	[　　]
□□ 3	冗漫－□潔	[　　]
□□ 4	却下－受□	[　　]
□□ 5	強情－従□	[　　]
□□ 6	根底－□盤	[　　]
□□ 7	拘束－束□	[　　]
□□ 8	音信－消□	[　　]
□□ 9	追憶－□顧	[　　]
□□ 10	克明－□念	[　　]

対義語 （1〜5）
類義語 （6〜10）

かい
かん
き
しゅ
じゅん
そく
たい
たん
ばく
り

（標準解答）　　　　　（解　説）

1 [待]
愛護：かわいがって大切に守ること。
虐待：いじめるなど、ひどい扱いをすること。

2 [殊]
一般：広く全体に共通していること。
特殊：普通とは異なること。

3 [簡]
冗漫：表現がくどく、しまりがないこと。
簡潔：すっきりと要領よくまとまっていること。

4 [理]
却下：願いや訴えを受け付けずに退けること。
受理：書類などを受け取ること。

5 [順]
強情：意地を張り、自分の考えを押し通すこと。
従順：素直でおとなしく逆らわないこと。

6 [基]
根底：物事が成り立つ土台となるもの。
基盤：物事の成立するもとをなしているもの。

7 [縛]
拘束：行動の自由を制限すること。
束縛：制限を加え、行動の自由を奪うこと。

8 [息]
音信：手紙などによって連絡すること。
消息：手紙などによって、状況や用件を知らせること。

9 [回]
追憶：過去を思い出してなつかしむこと。
回顧：過ぎ去ったことを思い返すこと。

10 [丹]
克明：一つ一つ細かく入念にすること。
丹念：細かいところまで念を入れてするさま。

読み

同音・同訓異字

漢字識別

熟語の構成

部首

対義語・類義語

送りがな

四字熟語

誤字訂正

書き取り

対義語・類義語②

内のひらがなを漢字に直して□に入れ、**対義語・類義語**を作れ。内のひらがなは一度だけ使い、**漢字一字**で答えよ。

対義語

□□ 1 怠慢－□勉 　〔　　〕

□□ 2 沈下－□起 　〔　　〕

□□ 3 非難－賞□ 　〔　　〕

□□ 4 倹約－浪□ 　〔　　〕

□□ 5 遠隔－近□ 　〔　　〕

類義語

□□ 6 朗報－□報 　〔　　〕

□□ 7 監禁－□閉 　〔　　〕

□□ 8 屈伏－□参 　〔　　〕

□□ 9 利口－□明 　〔　　〕

□□ 10 通行－□来 　〔　　〕

おう
きっ
きん
けん
こう
さん
せつ
ひ
ゆう
りゅう

（標準解答）　　　（解　説）

読み

同音・同訓異字

漢字識別

熟語の構成

部首

対義語・類義語

送りがな

四字熟語

誤字訂正

書き取り

1　[勤]
　怠慢：するべきことをしないこと。
　勤勉：仕事や学業に、熱心に取り組むこと。

2　[隆]
　沈下：沈み下がること。
　隆起：高く盛り上がること。

3　[賛]
　非難：他人の欠点や過失を、取り上げて責めること。
　賞賛：ほめたたえること。

4　[費]
　倹約：お金などをむだに使わないこと。
　浪費：むだに使うこと。

5　[接]
　遠隔：遠く離れていること。
　近接：近くにあること。

6　[吉]
　朗報：明るい知らせ。
　吉報：よい知らせ。

7　[幽]
　監禁：閉じ込めて行動の自由を奪うこと。
　幽閉：閉じ込めて出られなくすること。

8　[降]
　屈伏：相手を恐れ、意志を曲げて従うこと。
　降参：戦いや争いに負けて相手に服従すること。

9　[賢]
　利口：頭がよいこと。
　賢明：かしこくて、物の道理に通じていること。

10　[往]
　通行：通ること。
　往来：行ったり来たりすること。

163

対義語・類義語③

[____]内のひらがなを漢字に直して□に入れ、**対義語・類義語**を作れ。[____]内のひらがなは一度だけ使い、**漢字一字**で答えよ。

□□ 1		極楽―地□		[ ]
□□ 2		希薄―□密		[ ]
□□ 3	対義語	自供―黙□		[ ]
□□ 4		歓喜―悲□		[ ]
□□ 5		支配―□属		[ ]
□□ 6		魂胆―意□		[ ]
□□ 7		展示―□列		[ ]
□□ 8	類義語	露見―発□		[ ]
□□ 9		期待―嘱□		[ ]
□□ 10		該当―□合		[ ]

あい
かく
ごく
じゅう
ちん
てき
とう
のう
ひ
ぼう

標準解答　　　解説

1 [獄] 極楽：苦しみの全くないとされるところ。
地獄：ひどい苦しみを受けるところ。

2 [濃] 希薄：少なかったり薄かったりするさま。
濃密：すきまがなくて、こまやかなさま。

3 [秘] 自供：容疑者が、自分の犯した罪を自分から申し述べること。
黙秘：黙って何も話さないこと。

4 [哀] 歓喜：心からよろこぶこと。
悲哀：悲しくあわれなこと。

5 [従] 支配：全体を勢力下に置き、治めること。
従属：自分よりも強大なものにしたがうこと。

6 [図] 魂胆：よくないたくらみ。
意図：何かをしようと考えること。おもわく。ねらい。

7 [陳] 展示：作品・資料などを並べて一般の人に見せること。
陳列：人に見せるために品物を並べること。

8 [覚] 露見：隠していた悪事やひみつなどが知られること。
発覚：悪事や陰謀などが人に知られること。

9 [望] 期待：ある状態になることを、あてにして待つこと。
嘱望：将来や前途にのぞみをかけること。

10 [適] 該当：一定の条件などにあてはまること。
適合：条件や場合などにうまくあてはまること。

読み　同音・同訓異字　漢字識別　熟語の構成　部首　対義語・類義語　送りがな　四字熟語　誤字訂正　書き取り

対義語・類義語④

内のひらがなを漢字に直して□に入れ、**対義語・類義語**を作れ。 内のひらがなは一度だけ使い、**漢字一字**で答えよ。

□□ 1		栄誉－恥□	[ ]
□□ 2		受容－排□	[ ]
□□ 3	対義語	詳細－概□	[ ]
□□ 4		悲報－□報	[ ]
□□ 5		勝利－敗□	[ ]
□□ 6		没頭－□念	[ ]
□□ 7		解雇－□職	[ ]
□□ 8	類義語	容赦－□弁	[ ]
□□ 9		完遂－□成	[ ]
□□ 10		形見－□品	[ ]

い
かん
じょ
じょく
せん
たっ
ぼく
めん
りゃく
ろう

166

標準解答　　　解説

1 [辱]
栄誉：ほまれ。よい評判。
恥辱：はずかしめ。はじ。

2 [除]
受容：受け入れて取り込むこと。
排除：いらないものや、じゃまになるものを取りのぞくこと。

3 [略]
詳細：くわしく細かいこと。
概略：物事のあらまし。

4 [朗]
悲報：悲しい知らせ。
朗報：明るい知らせ。

5 [北]
勝利：戦いや試合などに勝つこと。
敗北：戦いや試合などに負けること。

6 [専]
没頭：他のことを忘れ、一つのことに熱中すること。
専念：集中してそのことだけに励むこと。

7 [免]
解雇：雇い主が、雇っていた人を一方的に辞めさせること。
免職：職を辞めさせること。

8 [勘]
容赦：許すこと。
勘弁：他人のあやまちなどを許すこと。

9 [達]
完遂：最後までやりとおすこと。
達成：目的を成し遂げること。

10 [遺]
形見：死んだ人や別れた人が残したもので、見るたびにその人を思い出す品物。
遺品：故人が残した品物。

読み

同音・同訓異字

漢字識別

熟語の構成

部首

対義語・類義語

送りがな

四字熟語

誤字訂正

書き取り

167

対義語・類義語⑤

内のひらがなを漢字に直して□に入れ、**対義語・類義語**を作れ。 内のひらがなは一度だけ使い、**漢字一字**で答えよ。

対義語

□□ 1 追加 － □減 [　　]

□□ 2 統一 － 分□ [　　]

□□ 3 軽率 － 慎□ [　　]

□□ 4 不況 － □況 [　　]

□□ 5 促進 － □害 [　　]

類義語

□□ 6 案内 － 誘□ [　　]

□□ 7 了解 － 納□ [　　]

□□ 8 辛酸 － 困□ [　　]

□□ 9 未熟 － 幼□ [　　]

□□ 10 肝要 － 大□ [　　]

く
こう
さく
せつ
そ
ち
ちょう
どう
とく
れつ

標準解答　　　　解　説

読み

同音・同訓異字

漢字識別

熟語の構成

部首

対義語・類義語

送りがな

四字熟語

誤字訂正

書き取り

1 [削]
追加：後から付け加えること。
削減：むだや余分をはぶいて、少なくすること。

2 [裂]
統一：一つにまとめること。
分裂：一つのものが分かれて、いくつかになること。

3 [重]
軽率：よく考えずに物事を行うさま。
慎重：注意深くして軽はずみにしないこと。

4 [好]
不況：景気が悪いこと。
好況：景気がよいこと。

5 [阻]
促進：物事を順調にうながし進めること。
阻害：さまたげること。

6 [導]
案内：みちびいて連れていくこと。
誘導：人や物を、ある状態や場所にさそいみちびくこと。

7 [得]
了解：物事の事情や意味を理解すること。
納得：人の行為や考えなどを理解して承知すること。

8 [苦]
辛酸：つらくくるしいこと。
困苦：物や金銭がなくて、生活にこまりくるしむこと。

9 [稚]
未熟：学問や技術などがまだ十分に上達していないさま。
幼稚：考えなどが子どもっぽく劣るさま。

10 [切]
肝要：非常に大事なこと。
大切：価値が大きいこと。

対義語・類義語⑥

内のひらがなを漢字に直して□に入れ、**対義語・類義語**を作れ。内のひらがなは一度だけ使い、**漢字一字**で答えよ。

□□ 1	野党－□党		[　　]
□□ 2	薄弱－強□		[　　]
□□ 3	妨害－□力		[　　]
□□ 4	新鋭－古□		[　　]
□□ 5	発生－消□		[　　]
□□ 6	順序－次□		[　　]
□□ 7	放浪－□泊		[　　]
□□ 8	便利－重□		[　　]
□□ 9	警護－護□		[　　]
□□ 10	架空－□構		[　　]

対義語　1〜5
類義語　6〜10

えい
きょ
きょう
こ
ごう
だい
ひょう
ほう
めつ
よ

標準解答　　　　解　説

1 [与]
野党：政権の座についていない政党。
与党：政党政治で、政権を担当している政党。

2 [固]
薄弱：精神力や体力などが弱いこと。
強固：しっかりしているさま。強くてかたいさま。

3 [協]
妨害：じゃまをすること。
協力：同じ目的のために、ともに力を合わせること。

4 [豪]
新鋭：ある分野に新しく現れ出て、勢いがあり盛んなこと。また、そのような人。
古豪：経験を積んだ実力者。

5 [滅]
発生：新たに生じること。
消滅：自然に消えうせること。

6 [第]
順序：物事を行う手順。
次第：物事が行われる一定の順。

7 [漂]
放浪：あてもなくさまようこと。
漂泊：あてもなくさすらうこと。

8 [宝]
便利：都合がよいこと。役に立つこと。
重宝：使い勝手がよいこと。

9 [衛]
警護：危ないことのないように守ること。
護衛：付き添って守ること。

10 [虚]
架空：想像で作り出すこと。
虚構：事実でないことを事実のように作り上げること。

読み

同音・同訓異字

漢字識別

熟語の構成

部首

対義語・類義語

送りがな

四字熟語

誤字訂正

書き取り

対義語・類義語⑦

内のひらがなを漢字に直して□に入れ、**対義語・類義語**を作れ。 内のひらがなは一度だけ使い、**漢字一字**で答えよ。

対義語

□ 1	実像－□像	[　]
□ 2	強制－□意	[　]
□ 3	起床－□寝	[　]
□ 4	拘禁－□放	[　]
□ 5	丁重－粗□	[　]

類義語

□ 6	正邪－是□	[　]
□ 7	異議－異□	[　]
□ 8	抜群－□越	[　]
□ 9	手腕－技□	[　]
□ 10	図書－書□	[　]

きょ
しゃく
しゅう
せき
ぞん
たく
にん
ひ
りゃく
りょう

（標準解答）　　　（解　説）

1 ［ 虚 ］
実像：ありのままの姿。
虚像：作られた見せかけの姿。

2 ［ 任 ］
強制：権力などで無理に行わせること。
任意：制限を設けず、自由に決めさせること。

3 ［ 就 ］
起床：目覚め、床から起きること。
就寝：床につき、眠ること。

4 ［ 釈 ］
拘禁：人を捕らえて、閉じ込めておくこと。
釈放：拘束されている者を許して、自由にすること。

5 ［ 略 ］
丁重：態度などが手厚く礼儀正しいさま。
粗略：やり方などがいいかげんなこと。

6 ［ 非 ］
正邪：正しいことと正しくないこと。
是非：よいことと悪いこと。正しいことと間違っていること。

7 ［ 存 ］
異議：他と違った意見。反対意見。
異存：他と違った意見や不服。

8 ［ 卓 ］
抜群：大勢の中で、とび抜けて優れていること。
卓越：他より抜きんでて優れていること。

9 ［ 量 ］
手腕：物事をうまくやり遂げる能力。
技量：物事を行う手なみ。腕前。

10 ［ 籍 ］
図書：書物。本。
書籍：書物。本。

読み｜同音・同訓異字｜漢字識別｜熟語の構成｜部首｜対義語・類義語｜送りがな｜四字熟語｜誤字訂正｜書き取り

次の──線の**カタカナ**を**漢字一字**と**送りがな（ひらがな）**に直せ。
〈例〉問題に**コタエル**。〔 答える 〕

□□ 1 うっかりしてなべの底を**コガシ**た。 〔　　　　〕

□□ 2 社会との**ヘダタリ**を感じる。 〔　　　　〕

□□ 3 チームを**ヒキイ**て優勝した。 〔　　　　〕

□□ 4 自分を**セメル**ことはない。 〔　　　　〕

□□ 5 ふだんから災害に**ソナエ**ている。 〔　　　　〕

□□ 6 二人前のステーキを**タイラゲ**た。 〔　　　　〕

□□ 7 教師を**ココロザシ**て大学に進む。 〔　　　　〕

□□ 8 つまらない日常に**アキル**。 〔　　　　〕

□□ 9 優秀作に選ばれて**ホコラシク**思う。 〔　　　　〕

□□ 10 母校から**エライ**学者が何人も出た。 〔　　　　〕

標準解答	解　説

1 [焦がし]
焦がす：物を焼いて黒くする。
他の例 焦げる、焦がれる　など
ある× 焦し

2 [隔たり]
隔たり：二つのものの間に距離があって離れていること。
他の例 隔てる

3 [率い]
率いる：先立ち導く。
ある× 率いて…── 線部分がどこまでかをよく確認しよう。

4 [責める]
責める：非難する。とがめる。

5 [備え]
備える：前もって用意する。
他の例 備わる

6 [平らげ]
平らげる：食べ物をすっかり食べてしまう。
ある× 平げ

7 [志し]
志す：目的・目標を心に決めてめざす。
ある× 志ざし

8 [飽きる]
飽きる：同じことが長く続いて、うんざりする。
他の例 飽かす

9 [誇らしく]
誇らしい：得意で自慢したい。

10 [偉い]
偉い：業績などが立派で優れている。

175

送りがな②

次の――線の**カタカナ**を**漢字一字**と**送りがな（ひらがな）**に直せ。
〈例〉問題に**コタエル**。〔 答える 〕

□□ 1 時間がないので細かい点は**ハブキ**ます。 〔　　　　〕

□□ 2 全力で戦わなかったことを**ハジル**。 〔　　　　〕

□□ 3 母親にしかられて**フクレル**。 〔　　　　〕

□□ 4 **チラカッ**た部屋をきれいにする。 〔　　　　〕

□□ 5 **ナグサメル**ように肩をたたいた。 〔　　　　〕

□□ 6 今日は娘が**トツグ**日だ。 〔　　　　〕

□□ 7 けが人に手当てを**ホドコス**。 〔　　　　〕

□□ 8 山脈が長く**ツラナル**。 〔　　　　〕

□□ 9 戦争に**ニクシミ**を抱く。 〔　　　　〕

□□ 10 **ココロヨイ**音楽が聞こえてくる。 〔　　　　〕

（標準解答） （解 説）

読み

同音・同訓異字

漢字識別

熟語の構成

部首

対義語・類義語

送りがな

四字熟語

誤字訂正

書き取り

1 [省き] 省く：不要なものを取り除いて簡潔にする。
他の例 省みる

2 [恥じる] 恥じる：はずかしく思う。
他の例 恥じらう、恥ずかしい など
ある✕ 恥る

3 [膨れる] 膨れる：不満や怒りなどを顔に表す。
他の例 膨らむ

4 [散らかっ] 散らかる：物が整理されず、置かれた状態になる。
他の例 散る、散らす、散らかす

5 [慰める] 慰める：いたわる。なだめる。
他の例 慰む

6 [嫁ぐ] 嫁ぐ：女性が結婚し、他家に移る。

7 [施す] 施す：必要な処置をとる。

8 [連なる] 連なる：列をなして並ぶ。
他の例 連ねる、連れる

9 [憎しみ] 憎しみ：にくいと思う気持ち。
他の例 憎む、憎い、憎らしい

10 [快い] 快い：気持ちがよい。
ある✕ 快よい

送りがな③

次の――線の**カタカナ**を**漢字一字**と**送りがな（ひらがな）**に直せ。
〈例〉問題に**コタエル**。〔 答える 〕

☐☐ 1 部下の不注意を**イマシメル**。　　〔　　　　〕

☐☐ 2 船のいかりを海底に**シズメル**。　〔　　　　〕

☐☐ 3 くじけることなく初心を**ツラヌク**。〔　　　　〕

☐☐ 4 紅茶にブランデーを**タラシ**た。　〔　　　　〕

☐☐ 5 相手のお株を**ウバウ**活躍だった。〔　　　　〕

☐☐ 6 最後まで注意を**オコタル**な。　　〔　　　　〕

☐☐ 7 思わず目を**ソムケル**光景だった。〔　　　　〕

☐☐ 8 家賃の支払いが**トドコオル**。　　〔　　　　〕

☐☐ 9 **アヤウイ**ところを助けられた。　〔　　　　〕

☐☐ 10 **カガヤカシイ**功績を残す。　　　〔　　　　〕

標準解答　　　　　　解　説

1 [戒める]
戒める：あやまちをおかさないように注意を
与える。

2 [沈める]
沈める：水中などにしずむようにする。
他の例 沈む

3 [貫く]
貫く：最後まで成し遂げる。やりぬく。

4 [垂らし]
垂らす：液体などを少しずつ落とす。
他の例 垂れる

5 [奪う]
奪う：他人の所有物を、無理やり取り上げる。

6 [怠る]
怠る：しなければならないことを、しないま
までいる。
他の例 怠ける

7 [背ける]
背ける：顔・視線を別方向に向ける。
他の例 背く　など

8 [滞る]
滞る：物事が順調に進まず、つかえる。

9 [危うい]
危うい：あぶない。
他の例 危ない、危ぶむ

10 [輝かしい]
輝かしい：まぶしいくらいすばらしい。
ある✕ 輝やかしい

送りがな④

次の──線の**カタカナ**を**漢字一字**と**送りがな（ひらがな）**に直せ。
〈例〉問題に**コタエル**。〔 答える 〕

☐☐ 1 着物の帯を**シメル**。 〔　　　　　〕

☐☐ 2 暗い部屋の中で目を**コラス**。 〔　　　　　〕

☐☐ 3 畑を**タガヤシ**て花の種をまく。 〔　　　　　〕

☐☐ 4 日に日に痛みが**ウスライ**できた。 〔　　　　　〕

☐☐ 5 忙しさで悲しみが**マギレル**。 〔　　　　　〕

☐☐ 6 アンケートに**モトヅイ**て判断する。 〔　　　　　〕

☐☐ 7 海外の支店に**オモムク**。 〔　　　　　〕

☐☐ 8 将棋で敵の王将を**セメル**。 〔　　　　　〕

☐☐ 9 **ユルヤカナ**坂道が続いている。 〔　　　　　〕

☐☐ 10 子どもの**スコヤカナ**成長を祈る。 〔　　　　　〕

標準解答　　　　　解　説

1 [締める]
締める：細長い物をしっかり巻きつける。
他の例 締まる

2 [凝らす]
凝らす：働きを一つのものに集中させる。
他の例 凝る

3 [耕し]
耕す：作物を植えるために田畑の土を掘り返して柔らかくする。
ある× 耕やし

4 [薄らい]
薄らぐ：少なくなる。弱くなる。
他の例 薄い、薄める、薄まる、薄れる

5 [紛れる]
紛れる：他に気を奪われて、本来のことを一時的に忘れる。
他の例 紛らす、紛らわす、紛らわしい

6 [基づい]
基づく：よりどころとする。

7 [赴く]
赴く：ある場所や状態に向かっていく。

8 [攻める]
攻める：進んで戦いをしかける。

9 [緩やかな]
緩やかだ：曲がり具合や傾きがなだらかであるさま。
他の例 緩い、緩む、緩める

10 [健やかな]
健やかだ：心身が強く元気である様子。
ある× 健やか…——線部分がどこまでかをよく確認しよう。

読み

同音・同訓異字

漢字識別

熟語の構成

部首

対義語・類義語

送りがな

四字熟語

誤字訂正

書き取り

送りがな⑤

次の——線の**カタカナ**を**漢字一字**と**送りがな（ひらがな）**に直せ。
〈例〉問題に**コタエル**。〔 答える 〕

☐☐ **1** 名画を鑑賞して目を**コヤス**。　　　〔　　　　　〕

☐☐ **2** 騒音が安眠を**サマタゲル**。　　　　〔　　　　　〕

☐☐ **3** 姉が家計を**アズカッ**ている。　　　〔　　　　　〕

☐☐ **4** 幾多の苦難を乗り越え志を**トゲル**。〔　　　　　〕

☐☐ **5** 公園でフリーマーケットを**モヨオス**。〔　　　　　〕

☐☐ **6** 手足を**ノバシ**てくつろぐ。　　　　〔　　　　　〕

☐☐ **7** 上半身を後ろに**ソラシ**た。　　　　〔　　　　　〕

☐☐ **8** 炊けたご飯をしばらく**ムラス**。　　〔　　　　　〕

☐☐ **9** 父は**ホガラカナ**人だ。　　　　　　〔　　　　　〕

☐☐ **10** **アワタダシイ**毎日を送っている。〔　　　　　〕

標準解答　　解　説

1 [肥やす]
肥やす：経験を積んで、能力を向上させる。
他の例 肥える、肥やし　など

2 [妨げる]
妨げる：じゃまをする。

3 [預かっ]
預かる：物事の管理を任される。
他の例 預ける

4 [遂げる]
遂げる：果たす。なし終える。

5 [催す]
催す：行事の計画を立て、準備して行う。

6 [伸ばし]
伸ばす：曲がっていたり縮んでいたりするものをまっすぐにする。
他の例 伸びる、伸べる

7 [反らし]
反らす：弓なりに曲げる。
他の例 反る

8 [蒸らす]
蒸らす：ご飯などに熱や蒸気が通り、柔らかくなるようにする。
他の例 蒸す、蒸れる

9 [朗らかな]
朗らかだ：心にこだわりがなく明るい様子。
おるX 朗らか……──線部分がどこまでかをよく確認しよう。

10 [慌ただしい]
慌ただしい：せわしく落ち着かない。
他の例 慌てる

読み

同音・同訓異字

漢字識別

熟語の構成

部首

対義語・類義語

送りがな

四字熟語

誤字訂正

書き取り

183

送りがな⑥

次の——線の**カタカナ**を**漢字一字**と**送りがな**（**ひらがな**）に直せ。
〈例〉問題に**コタエル**。〔 答える 〕

☐☐ 1　向かいから来た車に道を**ユズル**。　　〔　　　　〕

☐☐ 2　たいまつを頭上高く**カカゲル**。　　〔　　　　〕

☐☐ 3　岩陰に魚が**ヒソン**でいる。　　〔　　　　〕

☐☐ 4　昔は港町として**サカエ**た。　　〔　　　　〕

☐☐ 5　提案に反対意見を**トナエル**。　　〔　　　　〕

☐☐ 6　水やりを忘れて花を**カラシ**た。　　〔　　　　〕

☐☐ 7　甘い言葉に決心が**ユラグ**。　　〔　　　　〕

☐☐ 8　校内新聞の編集に**タズサワル**。　　〔　　　　〕

☐☐ 9　**ヤスラカナ**暮らしを望む。　　〔　　　　〕

☐☐ 10　本当に**オシイ**人をなくしたものだ。　　〔　　　　〕

標準解答　　　　　解説

1 〔 譲る 〕 譲る：他の人を先にする。

2 〔 掲げる 〕 掲げる：人目につくように高くさし上げる。

3 〔 潜ん 〕 潜む：こっそり隠れる。
他の例 潜る

4 〔 栄え 〕 栄える：盛んになる。はんじょうする。

5 〔 唱える 〕 唱える：人に先立って、自分の意見を主張する。

6 〔 枯らし 〕 枯らす：草木が水分をなくし、生命を保てないようにする。
他の例 枯れる

7 〔 揺らぐ 〕 揺らぐ：物事がぐらつく。ゆれ動く。
他の例 揺れる、揺る、揺るぐ、揺する、揺さぶる、揺すぶる

8 〔 携わる 〕 携わる：従事する。かかわりあう。
他の例 携える

9 〔 安らかな 〕 安らかだ：穏やかで何の心配もない様子。
ああ✗ 安らか…──線部分がどこまでかをよく確認しよう。

10 〔 惜しい 〕 惜しい：失ったり、価値などが発揮できなかったりして悔やまれる。
他の例 惜しむ

読み
同音・同訓異字
漢字識別
熟語の構成
部首
対義語・類義語
送りがな
四字熟語
誤字訂正
書き取り

185

四字熟語①

文中の**四字熟語**の――線の**カタカナ**を**漢字二字**に直せ。

□□ 1 <u>タイキ</u>晩成の画家として知られる。 [   ]

□□ 2 疲れきって**前後**<u>フカク</u>に眠りこけた。 [   ]

□□ 3 **時代**<u>サクゴ</u>で古い考えだ。 [   ]

□□ 4 **昼夜**<u>ケンコウ</u>で復旧作業にあたる。 [   ]

□□ 5 **思慮**<u>フンベツ</u>を身につける。 [   ]

□□ 6 <u>タントウ</u>直入に用件を述べる。 [   ]

□□ 7 **一触**<u>ソクハツ</u>の事態を招く。 [   ]

□□ 8 **天下**<u>ムソウ</u>の剣豪を自負する。 [   ]

□□ 9 四季の風景が**千変**<u>バンカ</u>する。 [   ]

□□ 10 この地域では雪は**日常**<u>サハン</u>のことだ。 [   ]

標準解答 | 解 説

1 [大器] 大器晩成：優れた人物は往々にして、遅れて頭角を現すことのたとえ。

2 [不覚] 前後不覚：物事の後先もわからなくなるほど、正体を失うこと。

3 [錯誤] 時代錯誤：時代の流れに合わない昔ながらの考え方。

4 [兼行] 昼夜兼行：昼と夜のくべつなく、続けて物事をおこなうこと。

5 [分別] 思慮分別：物事に深く考えを巡らし判断すること。

6 [単刀] 単刀直入：前置きなしに、いきなり本題に入ること。

7 [即発] 一触即発：非常に緊迫した状況のこと。
✐ ちょっと触れただけで、すぐ爆発しそうな状態という意味。

8 [無双] 天下無双：天下に比べる者がないほど優れていること。
✐ 「無双」は世に並ぶものがないという意味。

9 [万化] 千変万化：いろいろと変わってきわまるところがないこと。

10 [茶飯] 日常茶飯：ごくありふれたこと。
✐ もとは毎日の食事という意味。

読み

同音・同訓異字

漢字識別

熟語の構成

部首

対義語・類義語

送りがな

四字熟語

誤字訂正

書き取り

四字熟語②

文中の**四字熟語**の――線の**カタカナ**を**漢字二字**に直せ。

☐☐ 1 <u>ダイタン</u>**不敵**な行動に出る。 〔　　　〕

☐☐ 2 何を言っても**馬耳**<u>トウフウ</u>だ。 〔　　　〕

☐☐ 3 友人の**博学**<u>タサイ</u>に感心する。 〔　　　〕

☐☐ 4 その光景は<u>ヒャッキ</u>**夜行**のようだ。 〔　　　〕

☐☐ 5 <u>フクザツ</u>**怪奇**な事件が続発する。 〔　　　〕

☐☐ 6 <u>ヘイオン</u>**無事**に一日を過ごす。 〔　　　〕

☐☐ 7 主張が**終始**<u>イッカン</u>している。 〔　　　〕

☐☐ 8 家財を**二束**<u>サンモン</u>で売り払う。 〔　　　〕

☐☐ 9 <u>ゼント</u>**有望**な若手が登場した。 〔　　　〕

☐☐ 10 <u>ヘンゲン</u>**自在**の怪盗が出没する。 〔　　　〕

標準解答　　　　　　解　説

1 [大胆]　だいたんふてき：度胸があって恐れ驚かないこと。
大胆不敵

2 [東風]　ばじとうふう：人の忠告や意見を聞き流すこと。
馬耳東風　✎「東風」は春風のこと。春風が吹いても、馬の耳は何も感じないという意味。

3 [多才]　はくがくたさい：広く学問に通じ、さいのうが豊かなこと。
博学多才

4 [百鬼]　ひゃっきやこう：化け物が、夜中に列をつくって歩き回ること。転じて、たくさんの悪人が勝手気ままに振る舞うこと。
百鬼夜行

5 [複雑]　ふくざつかいき：事情が込み入っていて不可解なこと。
複雑怪奇

6 [平穏]　へいおんぶじ：何事もなくおだやかなこと。
平穏無事

7 [一貫]　しゅうしいっかん：始めから終わりまで言動や態度がかわらないこと。
終始一貫

8 [三文]　にそくさんもん：数量をたくさんまとめても値打ちがなく、安いこと。
二束三文　✎「二束」で「三文」にしか売れないこと。

9 [前途]　ぜんとゆうぼう：将来におおいに見込みがあること。
前途有望

10 [変幻]　へんげんじざい：思いのままにすばやく変化したり、出没したりすること。
変幻自在

読み

同音・同訓異字

漢字識別

熟語の構成

部首

対義語・類義語

送りがな

四字熟語

誤字訂正

書き取り

四字熟語③

文中の**四字熟語**の――線の**カタカナ**を**漢字二字**に直せ。

□□ 1 **本末テントウ**した議論が続く。 [ ]

□□ 2 緊急時に**ドクダン**専行はよくない。 [ ]

□□ 3 路上駐車は**メイワク千万**だ。 [ ]

□□ 4 横綱の**面目ヤクジョ**たる勝ち方だ。 [ ]

□□ 5 **無病ソクサイ**を祈願する。 [ ]

□□ 6 格上の相手とも**ユウモウ果敢**に戦う。 [ ]

□□ 7 **用意シュウトウ**な計画を立てる。 [ ]

□□ 8 ひたすら**ヘイシン低頭**して謝罪した。 [ ]

□□ 9 **二者タクイツ**を迫られる事態だ。 [ ]

□□ 10 互いの**利害トクシツ**がからむ。 [ ]

（標準解答）　　　　（解　説）

1 「 転倒 」
本末転倒：物事の重要なところと、どうでもよいところとを取り違えること。

2 「 独断 」
独断専行：自分一人のはんだんで勝手に物事を行うこと。

3 「 迷惑 」
迷惑千万：たいへんめいわくなこと。
✐「千万」は、度合いがはなはだしいという意味。

4 「 躍如 」
面目躍如：世間の評価にふさわしい働きをして、いきいきとしていること。

5 「 息災 」
無病息災：病気をしないで、健康であること。
✐「息災」は仏の力でわざわいや病気を防ぐ意味。

6 「 勇猛 」
勇猛果敢：いさましくて強く、けつだん力に富むこと。

7 「 周到 」
用意周到：心づかいがゆきとどいて、準備に手ぬかりのないさま。

8 「 平身 」
平身低頭：ひたすら謝ること。
✐体をかがめ、頭を低く下げて恐れ入る意味。

9 「 択一 」
二者択一：二つの事柄のうち、どちらか一方を選び取ること。

10 「 得失 」
利害得失：自分の利益になることと損になること。

読み

同音・同訓異字

漢字識別

熟語の構成

部首

対義語・類義語

送りがな

四字熟語

誤字訂正

書き取り

191

四字熟語④

文中の**四字熟語**の──線の**カタカナ**を**漢字二字**に直せ。

□□ 1 この小説は**不朽フメツ**の名作だ。 [   ]

□□ 2 政党は**離合シュウサン**を繰り返す。 [   ]

□□ 3 **油断タイテキ**と注意した。 [   ]

□□ 4 **リュウゲン飛語**に振り回される。 [   ]

□□ 5 合格して**ハガン一笑**する。 [   ]

□□ 6 **ゼンジン未到**の記録を達成する。 [   ]

□□ 7 勝利のため**力戦フントウ**した。 [   ]

□□ 8 いかなる時も**リンキ応変**に行動する。 [   ]

□□ 9 業務内容は**複雑タキ**にわたる。 [   ]

□□ 10 国王が**セイサツ与奪**の権を握る。 [   ]

標準解答　　解説

1 [不滅]
不朽不滅：いつまでもほろびないこと。

2 [集散]
離合集散：離れたりあつまったりすること。また、協力したり反目したりすること。

3 [大敵]
油断大敵：注意を怠れば必ず失敗を招くから警戒せよという戒め。

4 [流言]
流言飛語：根拠のないうわさ話。

5 [破顔]
破顔一笑：かおをほころばせて、にっこりと笑うこと。

6 [前人]
前人未到：今までにだれも到達していないこと。例をみない記録や偉業などについていう。

7 [奮闘]
力戦奮闘：力の限り戦うこと。全力を尽くして努力すること。

8 [臨機]
臨機応変：状況や事態の変化に応じて適切な処置をすること。

9 [多岐]
複雑多岐：物事がいくつもの方面に分かれ、しかも入り組んでいること。

10 [生殺]
生殺与奪：いかすもころすも、与えるも奪うも自分の思うままに、他のものを支配すること。

読み / 同音・同訓異字 / 漢字識別 / 熟語の構成 / 部首 / 対義語・類義語 / 送りがな / **四字熟語** / 誤字訂正 / 書き取り

四字熟語⑤

文中の**四字熟語**の——線の**カタカナ**を漢字二字に直せ。

□□ 1 <u>ユウジュウ</u>**不断**で先送りする人だ。 [　　　]

□□ 2 <u>シュビ</u>**一貫**した態度で臨む。 [　　　]

□□ 3 政治の**理非**<u>キョクチョク</u>を問う。 [　　　]

□□ 4 <u>イフウ</u>**堂々**とした態度に圧倒される。 [　　　]

□□ 5 落選して**意気**<u>ショウチン</u>する。 [　　　]

□□ 6 **異端**<u>ジャセツ</u>として退けられる。 [　　　]

□□ 7 <u>キショク</u>**満面**で賞品を受け取る。 [　　　]

□□ 8 **九分**<u>クリン</u>当選するだろう。 [　　　]

□□ 9 すっかり**疑心**<u>アンキ</u>になった。 [　　　]

□□ 10 <u>コウキ</u>**到来**とばかりに意気込んだ。 [　　　]

標準解答　　　解　説

1 [優柔]
優柔不断：いつまでもぐずぐずして物事の決断ができないこと。

2 [首尾]
首尾一貫：初めから終わりまで、方針や態度が変わらないこと。
✐「首尾」は頭としっぽを表す。

3 [曲直]
理非曲直：道理にかなったことと道理にかなわないこと。また、正しいことと間違っていること。

4 [威風]
威風堂々：態度などにいげんがあり、立派な様子。

5 [消沈]
意気消沈：元気をなくし、しょげかえること。

6 [邪説]
異端邪説：正統から外れている思想・信仰・学問上の考え。

7 [喜色]
喜色満面：顔いっぱいによろこびの表情があふれている様子。

8 [九厘]
九分九厘：ほとんど完全に近いこと。

9 [暗鬼]
疑心暗鬼：疑いの心があると、何でもないことにまで不安や恐怖を覚えるようになってしまうこと。

10 [好機]
好機到来：ちょうどよいチャンスが来ること。

読み

同音・同訓異字

漢字識別

熟語の構成

部首

対義語・類義語

送りがな

四字熟語

誤字訂正

書き取り

195

四字熟語⑥

文中の**四字熟語**の——線の**カタカナ**を**漢字二字**に直せ。

□
□ 1 逆転優勝して**キョウキ**乱舞した。 　　［　　　　］

□
□ 2 約束を破るとは**言語ドウダン**だ。 　　［　　　　］

□
□ 3 **サイショク**兼備の小説家がいた。 　　［　　　　］

□
□ 4 政治家の答弁は**支離メツレツ**だった。［　　　　］

□
□ 5 **事実ムコン**のうわさが広まる。 　　［　　　　］

□
□ 6 激しい腹痛に**七転バットウ**した。 　　［　　　　］

□
□ 7 言い訳するとは**笑止センバン**だ。 　　［　　　　］

□
□ 8 **シンケン勝負**で事に当たる。 　　［　　　　］

□
□ 9 **大安キチジツ**を選んで結婚式を挙げる。［　　　　］

□
□ 10 **ゼヒ善悪**をわきまえて行動する。 　　［　　　　］

標準解答　　　　　解　説

読み / 同音・同訓異字 / 漢字識別 / 熟語の構成 / 部首 / 対義語・類義語 / 送りがな / **四字熟語** / 誤字訂正 / 書き取り

1 [狂喜]
狂喜乱舞：ひじょうによろこぶさま。
✔「乱舞」は入り乱れて踊るという意味。

2 [道断]
言語道断：言葉で言い表せないほどあまりにひどいこと。
✔「道断」は言うすべがないという意味。

3 [才色]
才色兼備：優れた知性と美しい容姿の両方を備えていること。
✔「才色」は才知と容色という意味。

4 [滅裂]
支離滅裂：ばらばらで物事のまとまりがなく、すじみちが通っていないさま。

5 [無根]
事実無根：事実に基づいていないこと。

6 [八倒]
七転八倒：激しい苦痛に転げまわって、もがき苦しむこと。

7 [千万]
笑止千万：ひじょうにばかばかしいこと。
✔「笑止」はばかばかしいこと、「千万」は度合いがはなはだしいという意味。

8 [真剣]
真剣勝負：遊びではなく、本気で戦い、勝者を決めること。
✔もとは、本物の剣で戦うという意味。

9 [吉日]
大安吉日：物事を行うのに最も縁起のよいという日。

10 [是非]
是非善悪：物事のよしあし。

197

四字熟語⑦

文中の**四字熟語**の──線の**カタカナ**を**漢字二字**に直せ。

☐☐ 1 **言行イッチ**で改革を進めた。 [   ]

☐☐ 2 人はみな**生者ヒツメツ**の道理から逃れられない。 [   ]

☐☐ 3 景気が冷え込み、店は**青息トイキ**だ。 [   ]

☐☐ 4 工場で**地盤チンカ**が起きる。 [   ]

☐☐ 5 友人と**二人サンキャク**で会社を始める。 [   ]

☐☐ 6 **ヒガン達成**に喜びの涙を流す。 [   ]

☐☐ 7 ビル街は**無味カンソウ**に見える。 [   ]

☐☐ 8 京都の**名所キュウセキ**を訪れる。 [   ]

☐☐ 9 **メンキョ皆伝**の腕前を発揮する。 [   ]

☐☐ 10 容姿**タンレイ**で才気あふれる人だ。 [   ]

標準解答　　　解　説

1 [一致]　言行一致：くちで言うことと実際に行うことが同じであること。

2 [必滅]　生者必滅：生きているものはかならず死ぬこと。
✎ 仏教で人生の無常をさとす言葉。

3 [吐息]　青息吐息：困ったときや苦労しているときに発するためいき。

4 [沈下]　地盤沈下：地下水のくみ上げすぎなどにより、地面がしずむこと。

5 [三脚]　二人三脚：二人で力を合わせて事に当たること。
✎ もとは人が肩を組み、隣り合った足首を縛って走る競技のこと。

6 [悲願]　悲願達成：ひたすら望んでいたことが実現すること。

7 [乾燥]　無味乾燥：内容がなく、味わいやおもしろみがないこと。

8 [旧跡]　名所旧跡：美しい景色や、歴史的な出来事があったことで知られる場所。

9 [免許]　免許皆伝：師匠が武芸・技術などの極意を門人に全て伝授すること。

10 [端麗]　容姿端麗：姿かたちの美しいこと。
✎ 「端麗」は整っていて美しいこと。

読み

同音・同訓異字

漢字識別

熟語の構成

部首

対義語・類義語

送りがな

四字熟語

誤字訂正

書き取り

四字熟語⑧

文中の**四字熟語**の――線の**カタカナ**を**漢字二字**に直せ。

☐☐ 1 常に**熟慮ダンコウ**を心がけたい。 [　]

☐☐ 2 委員の考えは**大同ショウイ**だった。 [　]

☐☐ 3 **粒々シンク**の末に、医者になった。 [　]

☐☐ 4 **ゼヒ曲直**をわきまえた人物になる。 [　]

☐☐ 5 **リロ整然**と反対意見を述べた。 [　]

☐☐ 6 今や**コジョウ落日**の観がある。 [　]

☐☐ 7 **コウゲン令色**に惑わされない。 [　]

☐☐ 8 **ゲイイン馬食**が続いて胃を壊す。 [　]

☐☐ 9 彼の**名論タクセツ**に舌を巻く。 [　]

☐☐ 10 **気炎バンジョウ**の意見交換だった。 [　]

標準解答 | 解説

1 [断行] 熟慮断行：よくよく考えた上で、思い切っておこなうこと。

2 [小異] 大同小異：細かい点に違いはあるが、だいたいは同じであること。

3 [辛苦] 粒々辛苦：細かな努力を重ね、くろうすること。

4 [是非] 是非曲直：物事の善悪や正・不正のこと。
✏ 「曲直」は、曲がったこととまっすぐなこと。

5 [理路] 理路整然：話や考えの筋道がよく通っていること。

6 [孤城] 孤城落日：衰えて昔の勢いを失い、助けもなく心細いさま。

7 [巧言] 巧言令色：愛想のよいことをいったり、顔色をつくろったりして、人にこびへつらうこと。

8 [鯨飲] 鯨飲馬食：一度にたくさんのんだり食べたりすること。

9 [卓説] 名論卓説：見識の高い優れた議論や意見。

10 [万丈] 気炎万丈：他を圧倒するほど意気盛んであること。

読み

同音・同訓異字

漢字識別

熟語の構成

部首

対義語・類義語

送りがな

四字熟語

誤字訂正

書き取り

201

文中の**四字熟語**の——線の**カタカナ**を**漢字二字**に直せ。

☐☐ **1** 敵に囲まれ**孤立ムエン**の状態だ。 〔　　　　〕

☐☐ **2** **ケイコウ牛後**の教えに従う。 〔　　　　〕

☐☐ **3** **困苦ケツボウ**の生活に耐える。 〔　　　　〕

☐☐ **4** 自然界は**テキシャ生存**が原則だ。 〔　　　　〕

☐☐ **5** **メイロウ快活**な性格に好感を抱く。 〔　　　　〕

☐☐ **6** **ヒンコウ方正**な青年なので信用できる。 〔　　　　〕

☐☐ **7** **タンダイ心小**の心構えを持つ。 〔　　　　〕

☐☐ **8** 怒髪**ショウテン**の恐ろしい表情になる。 〔　　　　〕

☐☐ **9** **メイジツ一体**の横綱を目指す。 〔　　　　〕

☐☐ **10** **ソセイ濫造**で質の落ちた物は買わない。 〔　　　　〕

標準解答　　　　　　　解　説

1 [無援]

孤立無援：ひとりぼっちで頼るものがないこと。

✍「無援」は助けがないこと。

2 [鶏口]

鶏口牛後：おおきな組織に隷属するよりは、小さくても人の上に立つ方がよいということ。

✍「鶏口」は、小さな組織の長のたとえ。

3 [欠乏]

困苦欠乏：生活するのに必要な物の不足で苦しむこと。

✍「欠乏」は必要な物がとぼしいこと。

4 [適者]

適者生存：生物は、最も環境に合ったものだけが生き残るということ。

5 [明朗]

明朗快活：ほがらかであかるく、元気である様子。

6 [品行]

品行方正：おこないや心が正しく、やましい点がないこと。

7 [胆大]

胆大心小：何事も恐れずにいて、しかも細心の注意を払うこと。

✍「胆」は度胸、「心」は気配りのこと。

8 [衝天]

怒髪衝天：髪の毛が逆立つほど激しく怒ること。

9 [名実]

名実一体：表向きの評判と本当のところとが、一致していること。

10 [粗製]

粗製濫造：質の悪い物をやたらに多くつくること。

✍「濫造」はみだりにつくるという意味。

読み

同音・同訓異字

漢字識別

熟語の構成

部首

対義語・類義語

送りがな

四字熟語

誤字訂正

書き取り

誤字訂正①

次の各文にまちがって使われている**同じ読みの漢字**が**一字**ある。
誤字と、**正しい漢字**を答えよ。

誤　　正

- □ 1　作業を効率化し、労働時間を削限する取り組みを官民一体で推進する。　[　]→[　]

- □ 2　郊外の電車に乗り込んだ子ダヌキを乗客の男性が察影して新聞に投稿した。　[　]→[　]

- □ 3　原油の不足や異常気象など、世界経済の不安材料が山績している。　[　]→[　]

- □ 4　近隣の市と協力し、各市は公共使設を相互に利用している。　[　]→[　]

- □ 5　物価の上昇に葉止めが掛からず、家計の負担が増える。　[　]→[　]

- □ 6　災害の発生時に現場で救命致療する医師団の新設を議会で検討する。　[　]→[　]

- □ 7　暴言と公私混同で厳しい非難を浴びた国会議員が事職に追い込まれた。　[　]→[　]

- □ 8　日本の主容な空港で乗客数が増大し、保安検査員の確保が急務となる。　[　]→[　]

- □ 9　家庭菜園で育てた野菜を集穫し調理して、夕飯のおかずの一品とした。　[　]→[　]

- □ 10　彫刻界の巨匠の人生をたどる生誕百十週年特別展が郷里で催された。　[　]→[　]

標準解答　　　　解説
誤　　正

1 [限]→[減] 削減：むだや余分をはぶいて、少なくすること。

2 [察]→[撮] 撮影：写真や映画などをとること。

3 [績]→[積] 山積：物などが山のように高く重なること。また、物事がたくさんたまること。

4 [使]→[施] 施設：ある目的のため、建物・設備などを設けること。また、そのもの。

5 [葉]→[歯] 歯止め：事態の急速な進行や悪化をくいとめること。また、そのための手段や方法。

6 [致]→[治] 治療：病気やけがをなおすため、手当てをすること。

7 [事]→[辞] 辞職：自分から勤めをやめること。

8 [容]→[要] 主要：さまざまなものの中で特に大切なこと。

9 [集]→[収] 収穫：農作物を取り入れること。また、その作物。

10 [週]→[周] 周年：数字の後ろにつけて、経過した年数を表す。

誤字訂正②

次の各文にまちがって使われている**同じ読みの漢字**が**一字**ある。
誤字と、**正しい漢字**を答えよ。

誤　　正

☐☐ 1　寺院の解体集理に携わった宮大工が
古代の建築の知恵について語った。　　[ ]→[ ]

☐☐ 2　転職先を探す際に、自分が重思する
事項を担当者に伝える。　　　　　　[ ]→[ ]

☐☐ 3　違法な投資による被害に遭わないよ
うに啓発する市民構座が開かれた。　[ ]→[ ]

☐☐ 4　隣県で結成した医療班が被災地に到
着して負傷者に救命所置を施した。　[ ]→[ ]

☐☐ 5　明治期の文明開化を章徴する建造物
の多くが耐震工事を必要としている。[ ]→[ ]

☐☐ 6　社員の募集要項に、給与や有給休暇
の日数などの待遇状件を明示する。　[ ]→[ ]

☐☐ 7　本部の職員に現在の状境を報告し、
今後の指示を仰いだ。　　　　　　　[ ]→[ ]

☐☐ 8　フランス人留学生が日本の推理小説
を翻訳し、母国で出般した。　　　　[ ]→[ ]

☐☐ 9　厚生労働省が行う厳正な審差を経て
新しい医薬品の販売が承認された。　[ ]→[ ]

☐☐ 10　全国展開を進めてきたチェーン店が
経営不振のため新起出店を抑制する。[ ]→[ ]

	1回目	2回目
	/10問	/10問

	標準解答	解　説
	誤　正	
1	[集]→[修]	修理：いたんだ部分を直して、また使えるようにすること。
2	[思]→[視]	重視：大切なこととして注意して見ること。
3	[構]→[講]	講座：研究したり学んだりするための集まりや放送番組。
4	[所]→[処]	処置：傷や病気の手当てをすること。
5	[章]→[象]	象徴：言葉などで表しにくいものを、具体的なもので端的に表すこと。シンボル。
6	[状]→[条]	条件：物事の成立や承認に必要な事柄や制約事項。
7	[境]→[況]	状況：その場、その時の移り変わる物事の様子。
8	[般]→[版]	出版：本や雑誌などを作って売ること。
9	[差]→[査]	審査：人物・能力・物品などを詳しく調べ、優劣や適否などを決めること。
10	[起]→[規]	新規：新しくすること。新しく始めること。

読み

同音・同訓異字

漢字識別

熟語の構成

部首

対義語・類義語

送りがな

四字熟語

誤字訂正

書き取り

誤字訂正③

次の各文にまちがって使われている**同じ読みの漢字**が**一字**ある。
誤字と、**正しい漢字**を答えよ。

誤　　正

□□ 1 浜辺の清掃で、不法投棄されたごみ
の真刻な現実が浮き彫りになった。 〔 〕→〔 〕

□□ 2 突風により架線が切れて列車が近急
停止し、朝の通勤に影響が生じた。 〔 〕→〔 〕

□□ 3 森林の適切な管理は二酸化炭素の削
減や水元維持のために大切である。 〔 〕→〔 〕

□□ 4 再生可能エネルギーの導入の際に補
助金が給付される整度がつくられた。 〔 〕→〔 〕

□□ 5 水害で山の土砂が大量に流出すると
海洋の生体系が脅威にさらされる。 〔 〕→〔 〕

□□ 6 一方的に物を送り付け高額な代金を
精求する悪質な商法が横行している。 〔 〕→〔 〕

□□ 7 幽谷にある古寺の仏像を拝観し、清
寂に包まれた姿に心を奪われた。 〔 〕→〔 〕

□□ 8 健康な高齢者が増えれば医療に対す
る国の歳出を切減できる。 〔 〕→〔 〕

□□ 9 家族を介護しながら働く人が、勤務時
間を選託できる会社が増加している。 〔 〕→〔 〕

□□ 10 私立学校を設置する学校法人には、納
税額を優遇する訴置が講じられている。 〔 〕→〔 〕

1回目	2回目
／10問	／10問

標準解答
誤　正

解　説

1 [真]→[深]　深刻：状況が差し迫って重大なこと。程度がはなはだしく重大なこと。

2 [近]→[緊]　緊急：重大な事が起こり、急いで対応しなければならないこと。

3 [元]→[源]　水源：川や地下水などの水が流れ出るもと。みなもと。

4 [整]→[制]　制度：国家や団体などを運営していくための決まり。

5 [体]→[態]　生態系：環境の中で関係し合いながら生きている全ての生物たちの総体。

6 [精]→[請]　請求：金銭や物品などを要求すること。

7 [清]→[静]　静寂：しんとしずまりかえっていること。

8 [切]→[節]　節減：使用量をきりつめて減らすこと。

9 [託]→[択]　選択：適当なものを選び取ること。

10 [訴]→[措]　措置：問題解決のために取り計らうこと。

読み

同音・同訓異字

漢字識別

熟語の構成

部首

対義語・類義語

送りがな

四字熟語

誤字訂正

書き取り

209

誤字訂正④

次の各文にまちがって使われている**同じ読み**の漢字が**一字**ある。
誤字と、**正しい漢字**を答えよ。

誤　　正

☐☐ 1 既存の業種における規制の一部を緩和して、新規事業者の参入を促伸する。 〔　〕→〔　〕

☐☐ 2 膨大な数の小説と独自の視点による社会比評を執筆した作家が他界した。 〔　〕→〔　〕

☐☐ 3 飲酒運転による死亡事故が属発し、遺族が記者会見で根絶を訴えた。 〔　〕→〔　〕

☐☐ 4 企業が社員の求与を上げることで消費が刺激され、景気も改善される。 〔　〕→〔　〕

☐☐ 5 長年協議を行ったが折り合いがつかず組合からの奪退を表明した。 〔　〕→〔　〕

☐☐ 6 太平洋の海底の担査により、鉱物資源が埋蔵されていることが判明した。 〔　〕→〔　〕

☐☐ 7 国内で新たに発見された地倉からマンモスの貴重な化石が発掘されている。 〔　〕→〔　〕

☐☐ 8 戦後の街並みを注実に再現した映画が先日公開された。 〔　〕→〔　〕

☐☐ 9 貿易の不振により税収が予想を下回り、国債が追可発行された。 〔　〕→〔　〕

☐☐ 10 国による太陽光発電の補助金は、すでに受付を底止した。 〔　〕→〔　〕

（標準解答）　　　（解説）
　　誤　　正

1 ［伸］→［進］　促進：物事が順調にいくように、促しすすめること。

2 ［比］→［批］　批評：善悪や良否、優劣などについて考えを述べ、価値や正当性などを主張すること。

3 ［属］→［続］　続発：事件などが、複数回つづいて起きること。

4 ［求］→［給］　給与：勤務や労働に対して、雇い主から支払われる対価。

5 ［奪］→［脱］　脱退：所属している集団などから抜けること。

6 ［担］→［探］　探査：様子をさぐり調べること。

7 ［倉］→［層］　地層：地球の表面を形づくる層。砂や土などが積もってできる。

8 ［注］→［忠］　忠実：そっくりそのまま正確に行うこと。

9 ［可］→［加］　追加：後から付けくわえること。

10 ［底］→［停］　停止：差しとめること。

読み
同音・同訓異字
漢字識別
熟語の構成
部首
対義語・類義語
送りがな
四字熟語

誤字訂正

書き取り

211

誤字訂正⑤

次の各文にまちがって使われている**同じ読みの漢字**が**一字**ある。
誤字と、**正しい漢字**を答えよ。

誤　　正

☐☐ 1　近隣の河川には堤傍があり、週末に
　　　はつり人が訪れる。　　　　　　　　［　］→［　］

☐☐ 2　欧米で標価の高い画家の没後五十年
　　　を記念して回顧展が催された。　　　［　］→［　］

☐☐ 3　マンションの排水管を定期的に点検、
　　　清掃し老朽化したパイプを補修する。［　］→［　］

☐☐ 4　ビルの耐震工事をした後に、外壁も
　　　明るい色のペンキで塗操する。　　　［　］→［　］

☐☐ 5　消費者の需要に応え、大豆で肉の味
　　　を再現した食品が到場している。　　［　］→［　］

☐☐ 6　県の討計によれば入浴中の死亡事故
　　　の発生率は厳冬期に非常に高くなる。［　］→［　］

☐☐ 7　介護用のロボットを動入して業務の
　　　効率化を図る施設が増加している。　［　］→［　］

☐☐ 8　昨夜から九州全域が強大な温帯低気
　　　圧に覆われ、猛烈な雨に襲われた。　［　］→［　］

☐☐ 9　車が激突し信号機が尊傷した事故で、
　　　多くの通勤電車に遅れが生じた。　　［　］→［　］

☐☐ 10　この店の料理は、保存料や合成着色料
　　　などの食品点加物を使用していない。［　］→［　］

標準解答	解　説

誤　　正

1 傍 → 防　　堤防：海や湖・河川の水があふれ出ないように、土石やコンクリートなどで築いた構造物。

2 標 → 評　　評価：人の価値や品物の値段を決めること。

3 倹 → 検　　点検：誤りや異常がないかどうかを、一つ一つ調べること。

4 操 → 装　　塗装：建築工事などで、塗料をぬること。

5 到 → 登　　登場：新しい製品や人物などが現れ出ること。

6 討 → 統　　統計：同種のものを集めて分類・整理し、数値で表示すること。

7 動 → 導　　導入：みちびき入れること。

8 列 → 烈　　猛烈：程度や勢いが非常にはげしいこと。

9 尊 → 損　　損傷：物や人体などをそこない傷つけること。

10 点 → 添　　添加物：食品などにあとから加える別のもの。

読み

同音・同訓異字

漢字識別

熟語の構成

部首

対義語・類義語

送りがな

四字熟語

誤字訂正

書き取り

213

誤字訂正⑥

次の各文にまちがって使われている**同じ読みの漢字**が**一字**ある。
誤字と、**正しい漢字**を答えよ。

誤　　正

☐☐ 1　復興予算から出る保助金を使い商業
施設を拡大して新規雇用を増やす。　〔 〕→〔 〕

☐☐ 2　安価な石炭による火力発電に頼り、
二酸化炭素の配出量が上昇に転じた。　〔 〕→〔 〕

☐☐ 3　英語の試験で実力を発期するため、
昼夜を問わず勉学に励む。　〔 〕→〔 〕

☐☐ 4　カビの繁食を防ぐために、パンを冷
凍庫に保管する。　〔 〕→〔 〕

☐☐ 5　気象庁は住民の生命を守るため、噴
火の発生を通知する即報を流した。　〔 〕→〔 〕

☐☐ 6　前方の車両を検知する自動ブレーキ
の性能が比躍的に向上した。　〔 〕→〔 〕

☐☐ 7　顧客離れの著しかった百価店が水族
館を新設して集客力を高めている。　〔 〕→〔 〕

☐☐ 8　日本近海で難破した帆船が遠く離れ
た異国の海岸に票着した。　〔 〕→〔 〕

☐☐ 9　大統領は不当に侵攻される独立国へ
武器を提供する方針を評明した。　〔 〕→〔 〕

☐☐ 10　市の美術館では昨日から版画の典覧
会が開催されている。　〔 〕→〔 〕

標準解答

解説

誤　正

1 〔 保 〕→〔 補 〕　補助：不足したり不十分だったりするものを、おぎなって助けること。

2 〔 配 〕→〔 排 〕　排出：内部の不要な物を外へ押し出すこと。

3 〔 期 〕→〔 揮 〕　発揮：持っている能力や特性をあらわし示すこと。

4 〔 食 〕→〔 殖 〕　繁殖：生物が盛んに生まれ、ふえること。

5 〔 即 〕→〔 速 〕　速報：情報をすばやく伝えること。また、その情報。

6 〔 比 〕→〔 飛 〕　飛躍的：進歩や向上が急激である様子。

7 〔 価 〕→〔 貨 〕　百貨店：衣食住に関する多彩な商品を陳列し販売する大型の店。デパート。

8 〔 票 〕→〔 漂 〕　漂着：ただよい流れて岸に着くこと。

9 〔 評 〕→〔 表 〕　表明：考えや態度を人にあらわし、明らかにすること。

10 〔 典 〕→〔 展 〕　展覧会：美術品などを陳列し、人々に公開する催し。

読み

同音・同訓異字

漢字識別

熟語の構成

部首

対義語・類義語

送りがな

四字熟語

誤字訂正

書き取り

誤字訂正⑦

次の各文にまちがって使われている**同じ読みの漢字**が**一字**ある。
誤字と、**正しい漢字**を答えよ。

誤　　正

□□ 1　北国でも収穫が安定するように、冷
害に強い稲の新品取を作り出す。　〔　〕→〔　〕

□□ 2　雑木林にすむ虫の生態を観察して最
密に描いた絵本が、評判を呼んだ。　〔　〕→〔　〕

□□ 3　社会副祉制度を整えるための予算を
確保する。　〔　〕→〔　〕

□□ 4　国境地帯では自国の領土拡大のため
武装勢力による奮争が起きている。　〔　〕→〔　〕

□□ 5　動植物の生態系を壊さぬよう、一帯
の緑地の保繕に努めている。　〔　〕→〔　〕

□□ 6　新聞の日曜版に掲載される俳句欄に
は幅広い年齢相の読者が投稿する。　〔　〕→〔　〕

□□ 7　情報機器を用いた犯罪への注意を喚
起する動画を警察が簿集している。　〔　〕→〔　〕

□□ 8　市民会館の傾斜の緩やかな屋根が、
雪の重みに耐えられずに包落した。　〔　〕→〔　〕

□□ 9　所有者の転居や死亡により放致され
た空き家は犯罪の温床になる。　〔　〕→〔　〕

□□10　社員を招集して、今後の方申につい
ての会議が行われた。　〔　〕→〔　〕

標準解答　　　　解説
誤　正

1 [取]→[種]　品種：農作物や家畜の分類の中で、遺伝的に特定の形態・性質を持つもの。

2 [最]→[細]　細密：詳しくこまかいさま。

3 [副]→[福]　福祉：社会の構成員が受けられる、幸せで安定した生活環境。

4 [奮]→[紛]　紛争：入り乱れて争うこと。

5 [繕]→[全]　保全：保護してあんぜんであるようにすること。

6 [相]→[層]　年齢層：集団を年齢の高低によって分けた区切り。年代。

7 [簿]→[募]　募集：一般より広く求めて集めること。

8 [包]→[崩]　崩落：くずれ落ちること。

9 [致]→[置]　放置：おいたままにすること。ほうっておくこと。

10 [申]→[針]　方針：目指す方向。

217

書き取り①

次の——線の**カタカナ**を**漢字**に直せ。

☐☐ 1　風船が今にも<u>ハレツ</u>しそうだ。　〔　　　　〕

☐☐ 2　革命で<u>コウテイ</u>の位を追われた。　〔　　　　〕

☐☐ 3　改革には相当の<u>カクゴ</u>が必要だ。　〔　　　　〕

☐☐ 4　<u>ネンチャク</u>力の強いテープで留める。〔　　　　〕

☐☐ 5　<u>コフン</u>から青銅器が発掘された。　〔　　　　〕

☐☐ 6　<u>ハダカ</u>一貫から今日の財を成した。〔　　　　〕

☐☐ 7　前後の<u>ミサカイ</u>もなく行動した。　〔　　　　〕

☐☐ 8　不運な出来事が<u>サラ</u>に続いた。　〔　　　　〕

☐☐ 9　今回の受賞で面目を<u>ホドコ</u>した。　〔　　　　〕

☐☐ 10　<u>クジラ</u>の親子が泳いでいる。　〔　　　　〕

標準解答 — 解説

1 [破裂]
破裂：勢いよくやぶれさけること。
あるあるX 破烈…烈は「はげしい」という意味を表す別の漢字で、部首は灬（れんが・れっか）。

2 [皇帝]
皇帝：帝国の君主の称号。
あるあるX 帝に注意。1〜4画目を「立」とする誤答が目立つ。　×帝　○帝

3 [覚悟]
覚悟：困難なことを予想して、心構えをすること。
✎ 覚、悟いずれも「さとる」という意味。

4 [粘着]
粘着：ねばりつくこと。
あるあるX 念着…念は「おもう。となえる。」という意味を表す別の漢字。

5 [古墳]
古墳：土を高く盛り上げて築いた古代の墓。
あるあるX 墳に注意。右部分の書き誤りが多い。14〜15画目の形をよく確認しよう。×墳 ○墳

6 [裸]
裸：衣類をつけずに、はだを露出していること。体以外は持っていないこと。
✎ 「裸一貫」は、財産などがない状態を表す。

7 [見境]
見境：物事の区別。

8 [更]
更に：その上に。いっそう。重ねて。
あるあるX 再に…再は「もう一度。くりかえす。」という意味であり、更とは意味が異なる。

9 [施]
施す：付け加える。
✎ 「面目を施す」は、世間の評価を高めるという意味。

10 [鯨]
鯨：クジラ目の哺乳動物の総称。魚に似た形をしており、海にすむ。

読み / 同音・同訓異字 / 漢字識別 / 熟語の構成 / 部首 / 対義語・類義語 / 送りがな / 四字熟語 / 誤字訂正 / 書き取り

219

書き取り②

次の——線の**カタカナ**を**漢字**に直せ。

□□ 1 **フキツ**な予感が脳裏をかすめる。 [   ]

□□ 2 **コウチョク**した筋肉をほぐす。 [   ]

□□ 3 都心から**コウガイ**に引っ越す。 [   ]

□□ 4 梅雨に備えて**ジョシツ**機を買う。 [   ]

□□ 5 **ジュンスイ**な気持ちから助言した。 [   ]

□□ 6 野菜の種を水に**ヒタ**す。 [   ]

□□ 7 **サムライ**の格好で舞台に立つ。 [   ]

□□ 8 作業に慣れて気が**ユル**んだ。 [   ]

□□ 9 人手が足りなくて**イソガ**しい。 [   ]

□□ 10 紙を**タタ**んでかばんにしまう。 [   ]

標準解答 / **解 説**

読み ／ 同音・同訓異字 ／ 漢字識別 ／ 熟語の構成 ／ 部首 ／ 対義語・類義語 ／ 送りがな ／ 四字熟語 ／ 誤字訂正 ／ 書き取り

1 〔 不吉 〕
不吉：縁起が悪いこと。よくないことが起こりそうなきざしがあること。
✔ 吉には「めでたい」という意味がある。

2 〔 硬直 〕
硬直：体がかたくなって動かなくなること。こわばっていること。
[間違X] 固直…固に「こう」という音読みはない。

3 〔 郊外 〕
郊外：市街地周辺の、まだ田畑が残っている地域。
✔ 郊は「町はずれ。都のそと。」という意味。

4 〔 除湿 〕
除湿：室内のしっけを取りのぞくこと。
✔ 後の字が前の字の目的語になっている構成。

5 〔 純粋 〕
純粋：利害やかけひきがなく、ひたむきなこと。
✔ 純、粋いずれも「まじりけがない」という意味。

6 〔 浸 〕
浸す：物を液体の中につける。
[間違X] 侵と混同した誤答が目立つ。「侵す」は「おかす」と読む。

7 〔 侍 〕
侍：武士。帯刀し武術をもって主君に仕えた人。
[間違X] 形の似た待と混同した誤答が多い。侍の部首は亻（にんべん）。

8 〔 緩 〕
緩む：緊張感がなくなる。
[間違X] 穏と混同した誤答が多い。
特につくりの形をよく確認しよう。

9 〔 忙 〕
忙しい：用事が多くて暇がない。
✔ 忙は「いそがしい。せわしい。」という意味。

10 〔 畳 〕
畳む：折り重ねる。
[間違X] 点画に注意。8〜12画目は「且」であり、「里」や「旦」ではない。

書き取り③

次の――線の**カタカナ**を**漢字**に直せ。

□□ 1 医師団は**サイゼン**を尽くした。 [　　　]

□□ 2 突然の**ビョウマ**が主人公を襲った。 [　　　]

□□ 3 **サンガク**救助隊の活躍が報じられた。[　　　]

□□ 4 **コンイロ**のスーツを新調した。 [　　　]

□□ 5 秋は**ニチボツ**の時間が早い。 [　　　]

□□ 6 人から借りた本の**マタガ**しはしない。[　　　]

□□ 7 **オウギ**をかざして舞い踊った。 [　　　]

□□ 8 **スミ**をすって書き初めをした。 [　　　]

□□ 9 世間の言葉の乱れを**ナゲ**く。 [　　　]

□□ 10 うら若い**オトメ**が通り過ぎる。 [　　　]

標準解答	解　説

1 [最善]

最善：できる限りのこと。
あるあるＸ 善に注意。6画目の縦画は、5画目の横画をつきぬけて、9画目に接する。

善 ○

2 [病魔]

病魔：病気をまものにたとえた語。
あるあるＸ 魔に注意。20〜21画目の「ム」が抜けている誤答が多い。

3 [山岳]

山岳：連なっている高く険しいやま。
あるあるＸ 岳に注意。「丘」と「山」を重ねて高大な山を表している字と覚えよう。

4 [紺色]

紺色：紫がかった濃いあおいろ。
あるあるＸ 紺に注意。右部分の「甘」の内側は横画が1つ。

5 [日没]

日没：太陽が地平線などにしずむこと。
あるあるＸ 日沈…沈に「ぼつ」という音読みはない。

6 [又貸]

又貸し：借りたものを、さらに他の人にかすこと。
あるあるＸ 又借し…「借りる」と「貸す」を混同しない。

7 [扇]

扇：あおいで風を起こす、折りたたみ式の道具。
あるあるＸ 形の似た翁と混同した誤答が多い。扇の部首は戸（とだれ・とかんむり）。

8 [墨]

墨：油煙をにかわで練って固めたもの。文字などを書くときに使う。
あるあるＸ 炭…「炭」は木を焼いて作った燃料のこと。

9 [嘆]

嘆く：深く悲しむ。悲しみをくちに出して言う。

10 [乙女]

乙女：年若いむすめ。少女。
あるあるＸ 女乙…1字目と2字目を逆に書いた誤答が多いので注意。

読み
同音・同訓異字
漢字識別
熟語の構成
部首
対義語・類義語
送りがな
四字熟語
誤字訂正
書き取り

書き取り④

次の──線の**カタカナ**を**漢字**に直せ。

□□ 1 **グウゼン**にも同じ電車に乗り合わせる。 [   ]

□□ 2 **ユウシュウ**な人材を募集する。 [   ]

□□ 3 券売機で電車の**キップ**を買う。 [   ]

□□ 4 **ヤバン**な言動は慎むべきだ。 [   ]

□□ 5 不適当な表現を**サクジョ**する。 [   ]

□□ 6 **フクシ**事業に寄与したいと思う。 [   ]

□□ 7 **ハナヨメ**は幸せそうにほほえんでいた。 [   ]

□□ 8 広い**マキバ**の緑が目に鮮やかだ。 [   ]

□□ 9 **コ**えた土で果物を育てる。 [   ]

□□ 10 ナイフを念入りに**ト**ぐ。 [   ]

標準解答	解 説

1 [偶然]
偶然：思いがけないことが起こるさま。
✎ 偶には「たまたま。思いがけなく。」という意味がある。

2 [優秀]
優秀：他よりすぐれて、ひいでているさま。
差**✕** 秀に注意。6〜7画目の形が不正確な誤答が多い。 秀 〇

3 [切符]
切符：乗車券など、代金支払い済みのしるしとして出す券。

4 [野蛮]
野蛮：不作法で乱暴なこと。
✎ 蛮は「文明の開けていない。乱暴な。」のような意味を持つ。語例 蛮行、蛮勇

5 [削除]
削除：文章などの一部を取り去ること。
✎ 削、除いずれも「のぞく」という意味。

6 [福祉]
福祉：社会の構成員が受けられる、幸せで安定した生活環境。
✎ 福、祉いずれも部首は衤（しめすへん）。

7 [花嫁]
花嫁：結婚したばかりの女性。
差**✕** 嫁に注意。4画目が欠けている誤答が見られる。「宀」ではなく「宀」。 嫁✕ 嫁〇

8 [牧場]
牧場：ウシ・ウマ・ヒツジなどの家畜を放し飼いにする所。
✎ 牧の部首は牜（うしへん）。

9 [肥]
肥える：土質がよくなる。

10 [研]
研ぐ：刀などをみがいて鋭くする。

読み / 同音・同訓異字 / 漢字識別 / 熟語の構成 / 部首 / 対義語・類義語 / 送りがな / 四字熟語 / 誤字訂正 / 書き取り

次の——線の**カタカナ**を**漢字**に直せ。

□ 1 <u>ヨウチ</u>な態度を改める。 [　　　]

□ 2 写生大会で<u>カサク</u>に選ばれた。 [　　　]

□ 3 <u>シンサン</u>をなめて屈折した性格になる。 [　　　]

□ 4 <u>キソ</u>を固めるために練習問題を解く。 [　　　]

□ 5 <u>テツガク</u>の講義を受ける。 [　　　]

□ 6 <u>キバ</u>が隊列を組んで行進する。 [　　　]

□ 7 遠くの<u>ミネ</u>に雪が白く積もる。 [　　　]

□ 8 <u>マボロシ</u>のようにはかない夢だった。 [　　　]

□ 9 <u>キタ</u>えた筋肉を誇示する。 [　　　]

□ 10 <u>モヨ</u>リの駅まで自転車で向かう。 [　　　]

	標準解答	解 説

1 〔 幼稚 〕
幼稚：考えや行動などが未熟で劣っているさま。
✎ 幼、稚いずれも「おさない」という意味を持つ。

2 〔 佳作 〕
佳作：比較的できばえの優れた作品。
✎ 佳には「すぐれている」という意味がある。
語例 佳境

3 〔 辛酸 〕
辛酸：つらく苦しいこと。非常な苦しみ。
✎ 辛、酸いずれも「つらい」という意味。

4 〔 基礎 〕
基礎：物事の成立するもととなるもの。
ここがX 礎に注意。14〜18画目「疋」の形をよく確認しよう。
〔礎 ○〕

5 〔 哲学 〕
哲学：人生や世界などのあり方や根本原理を、理性によって究明する学問。
ここがX 哲の上部分に注意。啓と混同しないこと。
〔哲 ○〕

6 〔 騎馬 〕
騎馬：ウマに乗ること。また、乗った人。
ここがX 競馬…「競馬」は「騎手を乗せた複数のウマで行う競走」という意味の別語。

7 〔 峰 〕
峰：山の高いところ。

8 〔 幻 〕
幻：実際にはないのに、あるように見えるもの。
ここがX 幼と混同した誤りが多い。右部分は「カ」でも「力」でもない。
〔幻 ○〕

9 〔 鍛 〕
鍛える：修練を重ね、体や精神を強くする。
ここがX 暇と混同した誤答が目立つ。つくりの形をよく確認しよう。
〔鍜 ×〕〔鍛 ○〕

10 〔 最寄 〕
最寄り：すぐ近く。
✎ 「最寄り」は中学校で学習する熟字訓・当て字。

読み

同音・同訓異字

漢字識別

熟語の構成

部首

対義語・類義語

送りがな

四字熟語

誤字訂正

書き取り

書き取り⑥

次の——線の**カタカナ**を漢字に直せ。

□□ 1 整備係の**カシツ**による事故だった。 [   ]

□□ 2 煙にまかれて**チッソク**しそうになった。 [   ]

□□ 3 パンやチーズは**ハッコウ**食品だ。 [   ]

□□ 4 郷土史関係の図書を**エツラン**する。 [   ]

□□ 5 親族が<ruby>亡<rt>な</rt></ruby>くなり**ソウシキ**に出席した。 [   ]

□□ 6 自分の**オ**い立ちを振り返る。 [   ]

□□ 7 **ホ**を下ろした船が、港に停泊している。 [   ]

□□ 8 **アサセ**にいる魚を観察する。 [   ]

□□ 9 血も**コオ**るような恐ろしい事件だ。 [   ]

□□ 10 火事で**マルハダカ**になってしまった。 [   ]

標準解答	解　説

1 ［ 過失 ］
過失：不注意によるしくじり。あやまち。
あるあるX 加失…「失敗を加える」という意味ではない。

2 ［ 窒息 ］
窒息：呼吸ができなくなること。
あるあるX 室に注意。6画目の横画が抜けている誤答が多い。

3 ［ 発酵 ］
発酵：微生物の働きで有機物が分解され、特定の物質ができる現象。

4 ［ 閲覧 ］
閲覧：書物や新聞などを調べながら見ること。
✎ 閲には「しらべる」という意味がある。

5 ［ 葬式 ］
葬式：死者をほうむるぎしき。とむらい。
あるあるX 葬に注意。4〜9画目の形が「舛」になっている誤答が目立つ。

6 ［ 生 ］
生い立ち：成長の段階や経歴。

7 ［ 帆 ］
帆：風を受けて船を進めるための布製の船具。
あるあるX 部首の誤りが目立つ。正しくは巾（はばへん・きんべん）。

8 ［ 浅瀬 ］
浅瀬：川や海の、水のあさい所。
あるあるX 瀬を潮と混同した誤答が目立つ。いちばん右の部分の形を確認しよう。

9 ［ 凍 ］
凍る：氷が広く張る。いてつく。
あるあるX 点画に注意。部首は冫（にすい）で、氵（さんずい）ではない。

10 ［ 丸裸 ］
丸裸：自分の体以外、何も所持していない状態。
あるあるX 裸の部首は衤（ころもへん）。礻（しめすへん）ではない。

読み
同音・同訓異字
漢字識別
熟語の構成
部首
対義語・類義語
送りがな
四字熟語
誤字訂正
書き取り

229

書き取り⑦

次の——線の**カタカナ**を**漢字**に直せ。

□□ 1 **ゲンコウ**用紙に文章を書く。　　[　　]

□□ 2 **トツジョ**、大雨が降り出した。　　[　　]

□□ 3 神社にお供え物を**ホウノウ**する。　　[　　]

□□ 4 **ガシ**の危険がある人々を救う。　　[　　]

□□ 5 **キネンヒ**の除幕式に参加した。　　[　　]

□□ 6 駅に着くと電車は**スデ**に出ていた。　　[　　]

□□ 7 **ヨコナグ**りの雨の中を外出する。　　[　　]

□□ 8 雑踏に**マギ**れて彼女の姿を見失う。　　[　　]

□□ 9 キャンプの参加者を**ツノ**る。　　[　　]

□□ 10 時間に**シバ**られた生活を見直したい。　　[　　]

標準解答 | 解 説

1 原稿
原稿：公表する文章の下書き。
まちがえ× 稿に注意。右部分が「喬」になっている誤答が多い。橋と混同しないこと。 × 橋 ○ 稿

読み

2 突如
突如：だしぬけに。急に。にわかに。

同音・同訓異字

3 奉納
奉納：神仏にささげおさめること。
まちがえ× 奉に注意。6〜7画目の横画の数が正しくない誤答が目立つ。正しくは横画が2つ。 奉

漢字識別

4 餓死
餓死：食べる物がなくて、うえじにすること。
✎ 餓は「うえる。うえ。ひもじい。」という意味。部首は飠（しょくへん）。

熟語の構成

5 記念碑
記念碑：人の功績などを称して、文などを主に石に彫ったもの。
✎ 碑は「文字などを刻んでたてた石」という意味。

部首

6 既
既に：もはや。もう。
まちがえ× 即と混同した誤答が多い。部首旡（なし・ぶ・すでのつくり）の形をよく確認しよう。 既

対義語・類義語

7 横殴
横殴り：風や雨などが、よこから強く吹きつけること。

送りがな

8 紛
紛れる：他のものの中に入り混じって、わからなくなる。

四字熟語

9 募
募る：広く求めて集める。招き集める。
まちがえ× 募の部首はカ（ちから）。小（したごころ）ではない。 募

誤字訂正

10 縛
縛る：自由な行動ができないようにする。そくばくする。

書き取り

231

書き取り⑧

次の――線の**カタカナ**を**漢字**に直せ。

☐☐ 1 五月人形が**チンレツ**されている。 [   ]

☐☐ 2 ホテルの広間で**エンカイ**が開かれた。 [   ]

☐☐ 3 **ダンボウ**が効きすぎて汗ばむ。 [   ]

☐☐ 4 **クツジョク**的な扱いを受けた。 [   ]

☐☐ 5 生活**ヒツジュ**品をデパートで買う。 [   ]

☐☐ 6 見識の高さに**ケイフク**する。 [   ]

☐☐ 7 キャンプの**ネブクロ**では眠りにくい。 [   ]

☐☐ 8 **マコト**を尽くして主君に仕えた。 [   ]

☐☐ 9 この辺りは、一面の**クワバタケ**であった。 [   ]

☐☐ 10 今週は秋らしい**ヒヨリ**になった。 [   ]

標準解答　　　　　解　説

1 [陳列]

陳列：人に見せるために並べておくこと。
✏ 「陳列」の陳は、「ならべる」という意味を表す。

2 [宴会]

宴会：飲食しながら楽しむ集まり。
✏ 宴は「うたげ。さかもり。」という意味。

3 [暖房]

暖房：室内をあたためること。また、その装置。

4 [屈辱]

屈辱：恥ずかしい思いをさせられること。
まぎX 侮辱…「侮辱」は、「相手をばかにしてはずかしめること」という意味の別語。

5 [必需]

必需品：かならず入り用になる品物。欠くことのできない品物。

6 [敬服]

敬服：心から感心してそんけいすること。
✏ 「敬服」の服は、「つきしたがう。受け入れる。」という意味を表す。語例 服従

7 [寝袋]

寝袋：キャンプなどで使われる、ふくろ状の携帯用寝具。

8 [誠]

誠：人に対して正直で忠実であること。

9 [桑畑]

桑畑：養蚕などのためにクワを植えたはたけ。

10 [日和]

日和：穏やかに晴れた天気。
✏ 「日和」は中学校で学習する熟字訓・当て字。

読み

同音・同訓異字

漢字識別

熟語の構成

部首

対義語・類義語

送りがな

四字熟語

誤字訂正

書き取り

233

読み①

次の——線の**漢字の読み**を**ひらがな**で記せ。

□ 1　街道をそれて近道を通った。　　　〔　　　　〕

□ 2　食事に留意し摂生に努める。　　　〔　　　　〕

□ 3　隔年で祭礼が執り行われる。　　　〔　　　　〕

□ 4　強情を張らずに謝る。　　　　　　〔　　　　〕

□ 5　しっかりとした礎石をすえる。　　〔　　　　〕

□ 6　伏線に気づかずに読み進める。　　〔　　　　〕

□ 7　新人候補の擁立を検討する。　　　〔　　　　〕

□ 8　忌引きで学校を休む。　　　　　　〔　　　　〕

□ 9　ツルが機を織る昔話を読んだ。　　〔　　　　〕

□ 10　為替相場の変動に注意を払う。　　〔　　　　〕

標準解答 | 解説

1 [かいどう]
街道：主要な地を結ぶ大きな道路。
まちがえ✗ がいどう

2 [せっせい]
摂生：体によくないことを慎むこと。
類 養生

3 [かくねん]
隔年：一年おき。
✎ 二年に一度のこと。

4 [ごうじょう]
強情：意地を張り、自分の考えを無理に押し通そうとすること。
まちがえ✗ きょうじょう

5 [そせき]
礎石：建造物の土台となる石。いしずえ。
まちがえ✗ きせき
語例 基礎

6 [ふくせん]
伏線：後に備えて、前もってそれとなく述べておくこと。
まちがえ✗ ふせん

7 [ようりつ]
擁立：高い位などに就かせるために、助け盛り立てること。

8 [きび]
忌引き：近親者の死で学校などを休み、喪に服すること。

9 [はた]
機：布を織る道具。

10 [かわせ]
為替：現金の代わりに手形や証書などで送金する方法。
✎ 「為替」は中学校で学習する熟字訓・当て字。

読み

同音・同訓異字

漢字識別

熟語の構成

部首

対義語・類義語

送りがな

四字熟語

誤字訂正

書き取り

235

読み②

次の——線の**漢字の読み**を**ひらがな**で記せ。

□□ 1 債権の所有者が集まる。　　　　　　　［　　　　］

□□ 2 峡谷の深さに足がすくんだ。　　　　　［　　　　］

□□ 3 気球が少しずつ浮揚してきた。　　　　［　　　　］

□□ 4 悪い習癖は早いうちに直したい。　　　［　　　　］

□□ 5 日ごろのご愛顧に感謝いたします。　　［　　　　］

□□ 6 こんな恥辱を受けるとは心外だ。　　　［　　　　］

□□ 7 巨万の富を掌中に収めた。　　　　　　［　　　　］

□□ 8 企業が仕事を請ける。　　　　　　　　［　　　　］

□□ 9 実家は洋菓子を商う店だ。　　　　　　［　　　　］

□□10 この問題は次の理事会に諮ろう。　　　［　　　　］

（標準解答）　　　（解　説）

1 ［ さいけん ］　債権：借金の返済などを要求できる権利。

2 ［ きょうこく ］　峡谷：幅が狭く、深い谷。

3 ［ ふよう ］　浮揚：空中に浮かび上がること。

4 ［ しゅうへき ］　習癖：身についてしまっている癖や習慣。

5 ［ あいこ ］　愛顧：目をかけてひきたてること。ひいきにすること。

6 ［ ちじょく ］　恥辱：はずかしめ。はじ。

7 ［ しょうちゅう ］　掌中：自分が思いどおりにできる範囲。
類 手中

8 ［ う ］　請ける：仕事などを引き受ける。
誤答✕ もうける…「もうける」と読むのは「設ける」。意味は「準備する」など。

9 ［ あきな ］　商う：商売する。
誤答✕ あつかう…「あつかう」と読むのは「扱う」。意味は「操作する」など。

10 ［ はか ］　諮る：相談する。検討してもらう。

読み

同音・同訓異字

漢字識別

熟語の構成

部首

対義語・類義語

送りがな

四字熟語

誤字訂正

書き取り

読み③

次の——線の**漢字の読み**を**ひらがな**で記せ。

☐☐ 1 <u>濫獲</u>を防ぐ手立てを考える。　　　　[　　　　]

☐☐ 2 彼は<u>篤学</u>の士である。　　　　　　　[　　　　]

☐☐ 3 <u>丘陵</u>地が公園として整備される。　　[　　　　]

☐☐ 4 社会の敵に<u>敢然</u>と立ち向かう。　　　[　　　　]

☐☐ 5 <u>敬慕</u>してやまない師を失った。　　　[　　　　]

☐☐ 6 異文化を<u>排斥</u>せずに受け入れる。　　[　　　　]

☐☐ 7 <u>愛憎</u>の念を抱く。　　　　　　　　　[　　　　]

☐☐ 8 産業に<u>相伴</u>うように文化も栄えた。　[　　　　]

☐☐ 9 <u>歩合</u>制のある働き先を探す。　　　　[　　　　]

☐☐ 10 おじの病状を<u>憂</u>える。　　　　　　　[　　　　]

標準解答	解 説

1 [らんかく]　濫獲：魚や鳥獣をむやみにとること。
✎ 「乱獲」とも書く。

2 [とくがく]　篤学：学問に熱心に励むこと。また、その人。

3 [きゅうりょう]　丘陵：それほど高くない山並み。

4 [かんぜん]　敢然：困難を恐れずに思い切って行うさま。
類 決然

5 [けいぼ]　敬慕：心から尊敬して、慕うこと。

6 [はいせき]　排斥：押しのけ、退けること。
✎ 「排斥」の斥は「退ける。押しのける。」
という意味を表す。

7 [あいぞう]　愛憎：愛することと憎むこと。

8 [あいともな]　相伴う：いっしょに動く。

9 [ぶあい]　歩合：生産量や売り上げなどに応じた手数料
や給与。

10 [うれ]　憂える：悪い状態になるのではないかと、心
配する。

読み

同音・同訓異字

漢字識別

熟語の構成

部首

対義語・類義語

送りがな

四字熟語

誤字訂正

書き取り

239

読み④

次の——線の**漢字の読み**を**ひらがな**で記せ。

□□ 1 そんなに<u>卑下</u>する必要はない。　　　[　　　]

□□ 2 <u>実兄</u>の結婚式に夫婦で出席する。　[　　　]

□□ 3 交通規則を<u>遵守</u>する。　　　　　　[　　　]

□□ 4 記念の五百円硬貨を<u>鋳造</u>する。　[　　　]

□□ 5 会の運営を外部に<u>委嘱</u>する。　　[　　　]

□□ 6 すてきな<u>装丁</u>の本に仕上がった。　[　　　]

□□ 7 ヨットが滑らかに<u>帆走</u>している。　[　　　]

□□ 8 ひざに<u>擦過傷</u>ができた。　　　　[　　　]

□□ 9 校長先生が自伝を<u>著</u>した。　　　[　　　]

□□ 10 <u>炉端</u>でアユの塩焼きを食べた。　[　　　]

1回目	2回目
/10問	/10問

▶▶▶ 1章
▶▶▶ 2章
▶▶▶ 3章

標準解答 ・ 解 説

1 [ひげ]
卑下：劣っているものとして、自分をいやしめること。

2 [じっけい]
実兄：同じ父母から生まれた兄。
✎ 「義兄」は、配偶者の兄または姉の夫。
よくあるミス✕ じっきょう

3 [じゅんしゅ]
遵守：規則などに背かず、忠実に守ること。
よくあるミス✕ そんしゅ
語例 遵法

4 [ちゅうぞう]
鋳造：金属を溶かし、型に流して固めること。

5 [いしょく]
委嘱：特定の仕事を外部に頼み、任せること。
よくあるミス✕ いぞく

6 [そうてい]
装丁：書物の表紙などのデザイン。

7 [はんそう]
帆走：船が帆を張り、風の力で進むこと。
語例 帆船

8 [さっかしょう]
擦過傷：すり傷。

9 [あらわ]
著す：文章を書いて世に出す。
よくあるミス✕ しるす…「しるす」と読むのは「記す」。意味は「書きとめる。覚える。」。

10 [ろばた]
炉端：いろりのまわり。いろりばた。

読み

同音・同訓異字

漢字識別

熟語の構成

部首

対義語・類義語

送りがな

四字熟語

誤字訂正

書き取り

同音・同訓異字①

次の――線の**カタカナ**にあてはまる漢字をそれぞれの**ア～オ**から**一つ**選び、**記号**で答えよ。

☐☐ **1** 祖父の三回**キ**の法要があった。 [　]

☐☐ **2** **キ**定の方針に従って行動する。 [　]

☐☐ **3** 消毒用アルコールは**キ**発性だ。 [　]

（ ア 希 イ 揮 ウ 忌 エ 既 オ 喜 ）

☐☐ **4** 彼は豪**タン**な性格で頼もしい。 [　]

☐☐ **5** 計画中止の**タン**願をする。 [　]

☐☐ **6** **タン**物を着物に仕立てる。 [　]

（ ア 担 イ 胆 ウ 探 エ 反 オ 嘆 ）

☐☐ **7** **ケン**約しながら質素に暮らす。 [　]

☐☐ **8** 最初の目標を**ケン**持する。 [　]

☐☐ **9** 陰**ケン**なやり方がきらわれる。 [　]

（ ア 倹 イ 険 ウ 堅 エ 検 オ 権 ）

標準解答

解説

1 [ウ]　回忌：人が死亡した後、毎年回ってくる命日。

2 [エ]　既定：以前から決まっていること。対 未定

3 [イ]　揮発：液体が常温で気体になること。

4 [イ]　豪胆：肝がすわっていて、物事に動じないさま。

5 [オ]　嘆願：事情を訴えて、心からお願いすること。

6 [エ]　反物：和服を作るための織物。

7 [ア]　倹約：むだ遣いせず切りつめて、質素にすること。

8 [ウ]　堅持：意志や立場をかたく守って譲らないこと。

9 [イ]　陰険：表面はよく見せかけているが、心の内に悪意を抱いているさま。

読み

同音・同訓異字

漢字識別

熟語の構成

部首

対義語・類義語

送りがな

四字熟語

誤字訂正

書き取り

同音・同訓異字②

次の――線の**カタカナ**にあてはまる漢字をそれぞれの**ア〜オ**から**一つ**選び、**記号**で答えよ。

☐☐ **1** けがをした祖父を**カイ**護する。 [　　]

☐☐ **2** **カイ**律を守って生活する。 [　　]

☐☐ **3** 祖父は団**カイ**の世代に属する。 [　　]

（ ア 階 イ 戒 ウ 塊 エ 改 オ 介 ）

☐☐ **4** 昨夜の夢は神からの**ケイ**示のようだ。[　　]

☐☐ **5** 退職を**ケイ**機に田舎に移り住む。 [　　]

☐☐ **6** 当事者の体験談は**ケイ**聴に値する。 [　　]

（ ア 傾 イ 景 ウ 啓 エ 契 オ 警 ）

☐☐ **7** 財政に関する**シ**問委員会を設置する。[　　]

☐☐ **8** 論**シ**がわかりにくい文章を読む。 [　　]

☐☐ **9** 知事の**シ**政方針が示された。 [　　]

（ ア 諮 イ 旨 ウ 姿 エ 試 オ 施 ）

標準解答 　　　解 説

読み

同音・同訓異字

漢字識別

熟語の構成

部首

対義語・類義語

送りがな

四字熟語

誤字訂正

書き取り

1 [オ] 介護：老人や病人などの世話をすること。

2 [イ] 戒律：宗教上のおきて。規則。

3 [ウ] 団塊：かたまり。
✎「団塊の世代」は、戦後のベビーブームのときに生まれた世代のこと。

4 [ウ] 啓示：人知では理解できないことを神が示すこと。

5 [エ] 契機：物事のきっかけ。

6 [ア] 傾聴：耳をすまして熱心に聞くこと。

7 [ア] 諮問：専門知識のある個人や機関に、意見を求めること。対 答申

8 [イ] 論旨：話の中心となる事柄。

9 [オ] 施政：政治を行うこと。

同音・同訓異字③

次の──線の**カタカナ**にあてはまる漢字をそれぞれの**ア～オ**から**一つ**選び、**記号**で答えよ。

□□ 1 緊急動議が採**タク**された。 [　　]

□□ 2 子どもを**タク**児所に預けた。 [　　]

□□ 3 **タク**抜した技術で製品を生み出す。 [　　]

（ ア 託　イ 宅　ウ 卓　エ 拓　オ 択 ）

□□ 4 **レイ**前に祖母の好物を供える。 [　　]

□□ 5 **レイ**細な土地を耕作する。 [　　]

□□ 6 一家で早寝早起きを**レイ**行する。 [　　]

（ ア 霊　イ 零　ウ 礼　エ 励　オ 冷 ）

□□ 7 マツタケは**チン**重される食材だ。 [　　]

□□ 8 失礼な行為を**チン**謝する。 [　　]

□□ 9 **チン**痛な表情で事故を報告する。 [　　]

（ ア 賃　イ 珍　ウ 沈　エ 鎮　オ 陳 ）

標準解答	解　説

1 [オ] 採択：いくつかある中から選び取ること。

2 [ア] 託児所：保護者が仕事などをしている間、小さな子どもを預かり世話をする施設。

3 [ウ] 卓抜：他のものよりはるかに優れていること。

4 [ア] 霊前：死者の魂がまつられている場所の前。

5 [イ] 零細：規模が非常に小さいこと。

6 [エ] 励行：努力して必ず実行すること。

7 [イ] 珍重：めずらしいものとして大切にすること。

8 [オ] 陳謝：事情を話してわびること。

9 [ウ] 沈痛：深い悲しみや心配ごとで心を痛めるさま。

読み

同音・同訓異字

漢字識別

熟語の構成

部首

対義語・類義語

送りがな

四字熟語

誤字訂正

書き取り

同音・同訓異字④

次の──線の**カタカナ**にあてはまる漢字をそれぞれの**ア～オ**から**一つ**選び、**記号**で答えよ。

□□ 1 長い**テイ**政の時代が終わる。 [　　　]

□□ 2 法に**テイ**触する行為だ。 [　　　]

□□ 3 文集を**テイ**裁よくまとめる。 [　　　]

（ ア 体 イ 抵 ウ 停 エ 提 オ 帝 ）

□□ 4 **バン**秋の野を散歩する。 [　　　]

□□ 5 **バン**策尽きて降参する。 [　　　]

□□ 6 自転車でマラソン選手の**バン**走をする。 [　　　]

（ ア 番 イ 晩 ウ 盤 エ 万 オ 伴 ）

□□ 7 この作品は過去の名作の模**ホウ**だ。 [　　　]

□□ 8 **ホウ**建制度のしくみについて学ぶ。 [　　　]

□□ 9 海外で同**ホウ**とともに活動する。 [　　　]

（ ア 倣 イ 訪 ウ 封 エ 胞 オ 報 ）

（標準解答）　　　（解　説）

1 [オ]　帝政_{ていせい}：皇帝が統治する政治の形態。

2 [イ]　抵触_{ていしょく}：法律などにさしさわること。

3 [ア]　体裁_{ていさい}：外から見た様子。外見。

4 [イ]　晩秋_{ばんしゅう}：秋の末。**対** 初秋_{しょしゅう}

5 [エ]　万策_{ばんさく}：あらゆる方法や手段。

6 [オ]　伴走_{ばんそう}：競技者につきそって走ること。

7 [ア]　模倣_{もほう}：すでにあるものをまねること。

8 [ウ]　封建_{ほうけん}：君主が家来に土地を分け与えて統治させること。

9 [エ]　同胞_{どうほう}：同じ国に生まれた人々。

読み

同音・同訓異字

漢字識別

熟語の構成

部首

対義語・類義語

送りがな

四字熟語

誤字訂正

書き取り

同音・同訓異字⑤

次の――線の**カタカナ**にあてはまる漢字をそれぞれの**ア～オ**から**一つ**選び、**記号**で答えよ。

□ 1　不注意がミスを<u>ユウ</u>発した。　［　　］

□ 2　表情に<u>ユウ</u>色が濃く表れていた。　［　　］

□ 3　薪能の<u>ユウ</u>玄な舞に魅了される。　［　　］

（　ア 郵　イ 憂　ウ 誘　エ 幽　オ 優　）

□ 4　老<u>コウ</u>な政治家に丸め込まれる。　［　　］

□ 5　生<u>コウ</u>な表現を書き換える。　［　　］

□ 6　鉱山の地下深くまで<u>コウ</u>道が続く。　［　　］

（　ア 硬　イ 巧　ウ 構　エ 耕　オ 坑　）

□ 7　通行止めにより不便を<u>シ</u>いられた。　［　　］

□ 8　賛成が多数を<u>シ</u>めて可決した。　［　　］

□ 9　運動を続けたので体が<u>シ</u>まってきた。　［　　］

（　ア 閉　イ 占　ウ 敷　エ 強　オ 締　）

標準解答　　　　解　説

1 〔 ウ 〕 誘発（ゆうはつ）：あることが原因となって、他のことをさそい起こすこと。

2 〔 イ 〕 憂色（ゆうしょく）：心配そうな顔色。**対** 喜色（きしょく）

3 〔 エ 〕 幽玄（ゆうげん）：深い趣があり、余情豊かなこと。

4 〔 イ 〕 老巧（ろうこう）：数多くの経験を積んでいて、物事に手慣れて、たくみなこと。

5 〔 ア 〕 生硬（せいこう）：未熟でぎこちないこと。

6 〔 オ 〕 坑道（こうどう）：鉱山などの地下につくられた通路。

7 〔 エ 〕 強（し）いる：無理やりさせる。押しつける。

8 〔 イ 〕 占（し）める：全体の中である割合をもつ。

9 〔 オ 〕 締（し）まる：ゆるみがなく、かたく張りつめる。

漢字識別①

三つの□に**共通する漢字**を入れて熟語を作れ。漢字は、 **1〜5** は**ア〜コ**から、 **6〜10** は**サ〜ト**から**一つ**選び、**記号**で答えよ。

□
□ 1　□静・□圧・文□　　　　［　　］

ア　折
イ　卑
ウ　冷
エ　敬
オ　伏
カ　気
キ　謀
ク　特
ケ　免
コ　鎮

□
□ 2　潜□・降□・屈□　　　　［　　］

□
□ 3　□屈・□下・尊□　　　　［　　］

□
□ 4　□略・無□・陰□　　　　［　　］

□
□ 5　赦□・□許・□除　　　　［　　］

□
□ 6　□愛・□悲・□母　　　　［　　］

サ　顧
シ　慈
ス　本
セ　楼
ソ　恋
タ　層
チ　概
ツ　攻
テ　勘
ト　師

□
□ 7　□閣・鐘□・高□　　　　［　　］

□
□ 8　大□・□況・□略　　　　［　　］

□
□ 9　□弁・□当・□案　　　　［　　］

□
□ 10　□慮・□問・恩□　　　　［　　］

標準解答　　　解　説

読み

同音・同訓異字

漢字識別

熟語の構成

部首

対義語・類義語

送りがな

四字熟語

誤字訂正

書き取り

1 [コ]
鎮静：気持ちがしずまり落ち着くこと。
鎮圧：暴動や戦乱をおさえしずめること。
文鎮：おもしとして置く文房具。

2 [オ]
潜伏：見つからないように隠れること。
降伏：負けたことを認め、命令に従うこと。
屈伏：相手を恐れ、意志を曲げて従うこと。

3 [イ]
卑屈：自信がなく必要以上に人にこびること。
卑下：自分をいやしめ、へりくだること。
尊卑：とうといことと、いやしいこと。

4 [キ]
謀略：人をだますはかりごと。
無謀：よく考えずに行動すること。
陰謀：ひそかにたくらむ悪い計画。

5 [ケ]
赦免：罪や過失を許すこと。
免許：公の機関が許可を与えること。
免除：義務を果たさなくてもよいと許すこと。

6 [シ]
慈愛：いつくしみ、大切に思うこと。
慈悲：あわれみいつくしむこと。
慈母：子に深い愛情を抱いている母親。

7 [セ]
楼閣：階を重ねて造った高い建物。
鐘楼：寺院の境内にあるかねつき堂。
高楼：高く何層かに造った建物。

8 [チ]
大概：物事の大筋。あらまし。
概況：おおよその様子。
概略：おおよその内容。

9 [テ]
勘弁：他人のあやまちなどを許すこと。
勘当：子などの縁を切って追い出すこと。
勘案：いろいろな事情を考え合わせること。

10 [サ]
顧慮：あれこれ考えて心づかいをすること。
顧問：団体内で相談を受け、助言する役。
恩顧：目上の人が情けをかけ、援助すること。

漢字識別②

三つの□に**共通する漢字**を入れて熟語を作れ。漢字は、**1～5**は**ア～コ**から、**6～10**は**サ～ト**から一つ選び、記号で答えよ。

□□ 1　□推・正□・□念　　　ア　聴　　〔　　〕
　　　　　　　　　　　　　　イ　観
□□ 2　□衆・傍□・幻□　　　ウ　蛮　　〔　　〕
　　　　　　　　　　　　　　エ　想
□□ 3　□柱・□走・出□　　　オ　競　　〔　　〕
　　　　　　　　　　　　　　カ　邪
□□ 4　□行・□習・□声　　　キ　進　　〔　　〕
　　　　　　　　　　　　　　ク　帆
□□ 5　□細・□落・□度　　　ケ　極　　〔　　〕
　　　　　　　　　　　　　　コ　零

□□ 6　長□・喜□・天□　　　サ　使　　〔　　〕
　　　　　　　　　　　　　　シ　熟
□□ 7　危□・□実・□志家　　ス　寿　　〔　　〕
　　　　　　　　　　　　　　セ　点
□□ 8　□領・命□・要□　　　ソ　険　　〔　　〕
　　　　　　　　　　　　　　タ　綱
□□ 9　円□・完□・□考　　　チ　全　　〔　　〕
　　　　　　　　　　　　　　ツ　篤
□□ 10　□情・敬□・恋□　　　テ　慕　　〔　　〕
　　　　　　　　　　　　　　ト　語

標準解答	解　説

1 〔 カ 〕
邪推：ひがんで悪く推測すること。
正邪：正しいことと正しくないこと。
邪念：よこしまな思い。

2 〔 ア 〕
聴衆：多くの聞き手。
傍聴：そばで聞くこと。
幻聴：実際にはない音が聞こえること。

3 〔 ク 〕
帆柱：ほを張った柱。マスト。
帆走：船が、ほをかけて走ること。
出帆：船が港を出ていくこと。

4 〔 ウ 〕
蛮行：礼儀に背いた乱暴な振る舞い。
蛮習：粗野な習慣。
蛮声：荒々しい大声。

5 〔 コ 〕
零細：規模が非常に小さいさま。
零落：落ちぶれること。
零度：度数を測る起点となる度。

6 〔 ス 〕
長寿：命が長いこと。
喜寿：七七歳のこと。また、その祝い。
天寿：自然に定まっている命の長さ。

7 〔 チ 〕
危篤：病気が重く、生命が危ういこと。
篤実：人情に厚く実直なこと。
篤志家：社会事業などに熱心な人。

8 〔 タ 〕
綱領：政党などの基本方針を示したもの。
命綱：命の安全のため、体に巻いておくつな。
要綱：物事の根本となる大切な事柄。

9 〔 シ 〕
円熟：人格や技術などが十分に発達すること。
完熟：果実や種子が完全にうれること。
熟考：よくよく考えること。

10 〔 テ 〕
慕情：恋しく思う気持ち。
敬慕：心から尊敬して、したうこと。
恋慕：相手を恋いしたうこと。

読み / 同音・同訓異字 / 漢字識別 / 熟語の構成 / 部首 / 対義語・類義語 / 送りがな / 四字熟語 / 誤字訂正 / 書き取り

熟語の構成①

熟語の構成のしかたには□□□□内の**ア～オ**のようなものがある。次の熟語は□□□□内の**ア～オ**のどれにあたるか、**一つ選び**、**記号**で答えよ。

□□ 1 彫刻 　　　　　　　　[　]

□□ 2 昇格 　　　　　　　　[　]

□□ 3 寸劇 　　　　　　　　[　]

□□ 4 功罪 　　　　　　　　[　]

□□ 5 侵犯 　　　　　　　　[　]

□□ 6 硬貨 　　　　　　　　[　]

□□ 7 不朽 　　　　　　　　[　]

□□ 8 慈母 　　　　　　　　[　]

□□ 9 抑揚 　　　　　　　　[　]

□□10 塗料 　　　　　　　　[　]

> ア 同じような意味の漢字を重ねたもの
> 　　　　　　　（岩石）
>
> イ 反対または対応の意味を表す字を重ねたもの
> 　　　　　　　（高低）
>
> ウ 前の字が後の字を修飾しているもの
> 　　　　　　　（洋画）
>
> エ 後の字が前の字の目的語・補語になっているもの　　　（着席）
>
> オ 前の字が後の字の意味を打ち消しているもの
> 　　　　　　　（非常）

（標準解答）	解　説

1 〔 ア 〕
彫刻：石などを彫り刻んで立体的な形を作ること。
構成 彫 ＝＝ 刻 同義
どちらも「彫り刻む」という意味。

2 〔 エ 〕
昇格：階級・地位などが上がること。
構成 昇 ←― 格 目的
格が昇る。

3 〔 ウ 〕
寸劇：短い簡単な演劇。
構成 寸 ―→ 劇 修飾
みじかい劇。寸は「みじかい」という意味。

4 〔 イ 〕
功罪：一つの物事のよい面と悪い面。
構成 功 ←→ 罪 対義
「よい面」と「悪い面」、反対の意味。

5 〔 ア 〕
侵犯：他の領土や権利などを侵すこと。
構成 侵 ＝＝ 犯 同義
どちらも「おかす」という意味。

6 〔 ウ 〕
硬貨：金属製の通貨。コイン。
構成 硬 ―→ 貨 修飾
硬い通貨。

7 〔 オ 〕
不朽：いつまでも価値を失わず、後世に残ること。
構成 不 × 朽 打消
朽ちない。

8 〔 ウ 〕
慈母：子に深い愛情を抱いている母親。
構成 慈 ―→ 母 修飾
慈しむ母。

9 〔 イ 〕
抑揚：音声や音楽の調子などを上げ下げすること。
構成 抑 ←→ 揚 対義
「抑える」と「揚げる」、反対の意味。

10 〔 ウ 〕
塗料：着色などのため、物の表面に塗る物質。
構成 塗 ―→ 料 修飾
塗るもの。料は「使用するもの」という意味。

読み
同音・同訓異字
漢字識別
熟語の構成
部首
対義語・類義語
送りがな
四字熟語
誤字訂正
書き取り

熟語の構成②

熟語の構成のしかたには_____内の**ア～オ**のようなものがある。
次の熟語は_____内の**ア～オ**のどれにあたるか、**一つ**選び、**記号**で答えよ。

☐☐ 1 蛮行　　　　　　　　　　　　[　　]

☐☐ 2 赴任　　　　　　　　　　　　[　　]

ア	同じような意味の漢字 を重ねたもの （岩石）
イ	反対または対応の意味 を表す字を重ねたもの （高低）
ウ	前の字が後の字を修飾 しているもの （洋画）
エ	後の字が前の字の目的 語・補語になっている もの　　　（着席）
オ	前の字が後の字の意味 を打ち消しているもの （非常）

☐☐ 3 秀作　　　　　　　　　　　　[　　]

☐☐ 4 優遇　　　　　　　　　　　　[　　]

☐☐ 5 昇天　　　　　　　　　　　　[　　]

☐☐ 6 未了　　　　　　　　　　　　[　　]

☐☐ 7 慈父　　　　　　　　　　　　[　　]

☐☐ 8 去就　　　　　　　　　　　　[　　]

☐☐ 9 霊魂　　　　　　　　　　　　[　　]

☐☐ 10 需給　　　　　　　　　　　　[　　]

標準解答	解　説
1 [ウ]	蛮行：礼儀に背いた乱暴な振る舞い。 **構成** 蛮 ⟶ 行 **修飾** 野蛮な行い。
2 [エ]	赴任：勤め先のある土地に行くこと。 **構成** 赴 ⟵ 任 **目的** 任地へ赴く。
3 [ウ]	秀作：すぐれた作品。 **構成** 秀 ⟶ 作 **修飾** すぐれた作品。秀は「すぐれる」という意味。
4 [ウ]	優遇：手厚くもてなすこと。 **構成** 優 ⟶ 遇 **修飾** 手厚くもてなす。遇は「もてなす」という意味。
5 [エ]	昇天：天高くのぼること。また、人が死ぬこと。 **構成** 昇 ⟵ 天 **目的** 天に昇る。
6 [オ]	未了：まだ終わっていないこと。 **構成** 未 × 了 **打消** まだ終了していない。
7 [ウ]	慈父：子に深い愛情を抱いている父親。 **構成** 慈 ⟶ 父 **修飾** 慈しむ父。
8 [イ]	去就：去ることと、とどまること。 **構成** 去 ⟷ 就 **対義** 「去ること」と「就くこと」、反対の意味。
9 [ア]	霊魂：肉体に宿ると考えられている精神的存在。 **構成** 霊 ＝ 魂 **同義** どちらも「たましい」という意味。
10 [イ]	需給：需要と供給。 **構成** 需 ⟷ 給 **対義** 「需要」と「供給」、反対の意味。

読み

同音・同訓異字

漢字識別

熟語の構成

部首

対義語・類義語

送りがな

四字熟語

誤字訂正

書き取り

熟語の構成③

熟語の構成のしかたには[____]内の**ア〜オ**のようなものがある。
次の熟語は[____]内の**ア〜オ**のどれにあたるか、**一つ**選び、**記号**で答えよ。

☐☐ 1 抑圧 　　　　　　　　　　　　[　]

☐☐ 2 任免 　　　　　　　　　　　　[　]

☐☐ 3 無数 　　　　　　　　　　　　[　]

☐☐ 4 緩慢 　　　　　　　　　　　　[　]

☐☐ 5 書架 　　　　　　　　　　　　[　]

☐☐ 6 隠匿 　　　　　　　　　　　　[　]

☐☐ 7 朗詠 　　　　　　　　　　　　[　]

☐☐ 8 遵法 　　　　　　　　　　　　[　]

☐☐ 9 倹約 　　　　　　　　　　　　[　]

☐☐ 10 惜別 　　　　　　　　　　　　[　]

ア	同じような意味の漢字を重ねたもの（岩石）
イ	反対または対応の意味を表す字を重ねたもの（高低）
ウ	前の字が後の字を修飾しているもの（洋画）
エ	後の字が前の字の目的語・補語になっているもの（着席）
オ	前の字が後の字の意味を打ち消しているもの（非常）

（標準解答）　　　（解　説）

1 [ア]
抑圧：無理に行動や欲望などをおさえつけること。
構成　抑＝＝圧　同義
どちらも「抑えつける」という意味。

2 [イ]
任免：職務に任じることと、職務を免じること。
構成　任←→免　対義
「任命」と「免職」、反対の意味。

3 [オ]
無数：数が非常に多いこと。
構成　無 × 数　打消
数えられない。

4 [ア]
緩慢：動作・速度などが遅いさま。
構成　緩＝＝慢　同義
どちらも「ゆるやか」という意味。

5 [ウ]
書架：書物を入れておくたな。
構成　書→架　修飾
書物のたな。架は「たな」という意味。

6 [ア]
隠匿：ことさらに隠すこと。秘密にすること。
構成　隠＝＝匿　同義
どちらも「かくす」という意味。

7 [ウ]
朗詠：詩歌を、声高くうたうこと。
構成　朗→詠　修飾
たかだかにうたう。朗は「たかだか」という意味。

8 [エ]
遵法：法律に従い、固く守ること。
構成　遵←法　目的
法にしたがう。遵は「したがう」という意味。

9 [ア]
倹約：金や物をむだに使わないこと。
構成　倹＝＝約　同義
どちらも「つましい」という意味。

10 [エ]
惜別：別れを惜しむこと。
構成　惜←別　目的
別れを惜しむ。

熟語の構成④

熟語の構成のしかたには □□□ 内の**ア～オ**のようなものがある。
次の熟語は □□□ 内の**ア～オ**のどれにあたるか、**一つ**選び、**記号**で答えよ。

☐☐ 1 湖畔 　　　　　　　　　　　　　　［　　］

☐☐ 2 遭遇 　　　　　　　　　　　　　　［　　］

☐☐ 3 疾駆 　　　　　　　　　　　　　　［　　］

☐☐ 4 赦免 　　　　　　　　　　　　　　［　　］

☐☐ 5 鐘楼 　　　　　　　　　　　　　　［　　］

☐☐ 6 寸暇 　　　　　　　　　　　　　　［　　］

☐☐ 7 未熟 　　　　　　　　　　　　　　［　　］

☐☐ 8 開拓 　　　　　　　　　　　　　　［　　］

☐☐ 9 就任 　　　　　　　　　　　　　　［　　］

☐☐ 10 往復 　　　　　　　　　　　　　　［　　］

ア 同じような意味の漢字を重ねたもの（岩石）

イ 反対または対応の意味を表す字を重ねたもの（高低）

ウ 前の字が後の字を修飾しているもの（洋画）

エ 後の字が前の字の目的語・補語になっているもの（着席）

オ 前の字が後の字の意味を打ち消しているもの（非常）

（標準解答）　　　　解　説

1 ［ ウ ］
湖畔：湖のほとり。
構成 湖 → 畔 修飾
湖のほとり。畔は「ほとり」という意味。

2 ［ ア ］
遭遇：予期しない事柄に思いがけず出あうこと。
構成 遭 ＝ 遇 同義
どちらも「あう」という意味。

3 ［ ウ ］
疾駆：ウマや車を速く走らせること。
構成 疾 → 駆 修飾
はやく駆る。疾は「はやい」という意味。

4 ［ ア ］
赦免：罪や過失をゆるすこと。
構成 赦 ＝ 免 同義
どちらも「ゆるす」という意味。

5 ［ ウ ］
鐘楼：寺院などにある鐘つき堂。
構成 鐘 → 楼 修飾
鐘のあるたかどの。楼は「高い建物」という意味。

6 ［ ウ ］
寸暇：少しの空き時間。
構成 寸 → 暇 修飾
わずかな暇。寸は「わずか」という意味。

7 ［ オ ］
未熟：技術などの修得がまだ十分でないさま。
構成 未 × 熟 打消
まだ熟していない。

8 ［ ア ］
開拓：山などを切りひらき田畑や宅地を作ること。
構成 開 ＝ 拓 同義
どちらも「ひらく」という意味。

9 ［ エ ］
就任：任務や職務に就くこと。
構成 就 ← 任 目的
任に就く。

10 ［ イ ］
往復：行きと帰り。
構成 往 ↔ 復 対義
「往路」と「復路」、反対の意味。

読み／同音・同訓異字／漢字識別／熟語の構成／部首／対義語・類義語／送りがな／四字熟語／誤字訂正／書き取り

部首①

次の漢字の**部首**を**ア**～**エ**から**一つ**選び、**記号**で答えよ。

☐☐ 1 畜 (ア 亠 イ 幺 ウ 玄 エ 田) [　]

☐☐ 2 克 (ア 十 イ 口 ウ 一 エ 儿) [　]

☐☐ 3 載 (ア 弋 イ 戈 ウ 車 エ 土) [　]

☐☐ 4 窒 (ア 宀 イ 穴 ウ 至 エ 土) [　]

☐☐ 5 辛 (ア 亠 イ 十 ウ 辛 エ 立) [　]

☐☐ 6 更 (ア 口 イ 一 ウ 大 エ 人) [　]

☐☐ 7 興 (ア 臼 イ 一 ウ 冂 エ ハ) [　]

☐☐ 8 成 (ア ノ イ 厂 ウ 弋 エ 戈) [　]

☐☐ 9 慕 (ア 艹 イ 日 ウ 大 エ 小) [　]

☐☐ 10 髪 (ア 一 イ 髟 ウ 彡 エ 又) [　]

1回目	2回目
／10問	／10問

（標準解答）	（解 説）

1 [エ] **部首(部首名)** 田 (た)
✎ 田の漢字例：畳、異、留 など

2 [エ] **部首(部首名)** 儿 (ひとあし・にんにょう)
✎ 儿の漢字例：免、党 など

3 [ウ] **部首(部首名)** 車 (くるま)
✎ 車の漢字例：輩、輝 など

4 [イ] **部首(部首名)** 宀 (あなかんむり)
✎ 宀の漢字例：窓、究、空 など

5 [ウ] **部首(部首名)** 辛 (からい)
✎ 辛の漢字例：辞 など

6 [ア] **部首(部首名)** 口 (くち)
✎ 口の漢字例：哀、啓、哲 など

7 [ア] **部首(部首名)** 臼 (うす)

8 [エ] **部首(部首名)** 戈 (ほこづくり・ほこがまえ)
✎ 戈の漢字例：戒、戯 など

9 [エ] **部首(部首名)** 小 (したごころ)

10 [イ] **部首(部首名)** 髟 (かみがしら)
✎ 常用漢字で髟を部首とする漢字は髪のみ。

読み

同音・同訓異字

漢字識別

熟語の構成

部首

対義語・類義語

送りがな

四字熟語

誤字訂正

書き取り

※辞典や参考書により、部首や部首名の表記が異なる場合がありますが、「漢検」では定められた
部首・部首名で解答する必要があります。採点基準は巻頭ページをご覧ください。

次の漢字の**部首**を**ア～エ**から**一つ**選び、**記号**で答えよ。

☐☐ 1 麦 （ ア タ イ 十 ウ 麦 エ 土 ） [ ]

☐☐ 2 魔 （ ア 广 イ 麻 ウ 鬼 エ 木 ） [ ]

☐☐ 3 骨 （ ア 月 イ 骨 ウ 冖 エ 冂 ） [ ]

☐☐ 4 辱 （ ア 厂 イ 丨 ウ 辰 エ 寸 ） [ ]

☐☐ 5 墓 （ ア 艹 イ 土 ウ 日 エ 大 ） [ ]

☐☐ 6 衰 （ ア 亠 イ 口 ウ 一 エ 衣 ） [ ]

☐☐ 7 雇 （ ア 一 イ 戸 ウ イ エ 隹 ） [ ]

☐☐ 8 募 （ ア 艹 イ 日 ウ 力 エ 八 ） [ ]

☐☐ 9 突 （ ア 宀 イ 穴 ウ 八 エ 大 ） [ ]

☐☐ 10 甲 （ ア 丨 イ 日 ウ 田 エ 十 ） [ ]

標準解答　　　　　　解　説

1 [　ウ　] 部首(部首名) 麦（むぎ）
✎ 常用漢字で麦を部首とする漢字は麦のみ。

2 [　ウ　] 部首(部首名) 鬼（おに）
✎ 鬼の漢字例：魂、鬼

3 [　イ　] 部首(部首名) 骨（ほね）
✎ 常用漢字で骨を部首とする漢字は骨のみ。

4 [　ウ　] 部首(部首名) 辰（しんのたつ）
✎ 辰の漢字例：農

5 [　イ　] 部首(部首名) 土（つち）
✎ 土の漢字例：墾、墜、塗　など

6 [　エ　] 部首(部首名) 衣（ころも）
✎ 衣の漢字例：襲、装　など

7 [　エ　] 部首(部首名) 隹（ふるとり）
✎ 隹の漢字例：隻、雌、雄　など

8 [　ウ　] 部首(部首名) 力（ちから）
✎ 力の漢字例：勘、励　など

9 [　イ　] 部首(部首名) 穴（あなかんむり）
✎ 穴の漢字例：窓、究、空　など

10 [　ウ　] 部首(部首名) 田（た）
✎ 田の漢字例：畳、異、留　など

読み
同音・同訓異字
漢字識別
熟語の構成
部首
対義語・類義語
送りがな
四字熟語
誤字訂正
書き取り

対義語・類義語①

内のひらがなを漢字に直して□に入れ、**対義語・類義語**を作れ。　内のひらがなは一度だけ使い、**漢字一字**で答えよ。

		選択肢	
□□ 1	模倣－独□		〔　　〕
□□ 2	早婚－□婚	い	〔　　〕
□□ 3	正統－□端	けい	〔　　〕
□□ 4	繁栄－□落	そう	〔　　〕
□□ 5	優遇－□遇	そく	〔　　〕
□□ 6	去就－進□	たい	〔　　〕
□□ 7	即刻－早□	とく	〔　　〕
□□ 8	休息－休□	ばん	〔　　〕
□□ 9	独自－□有	ぼつ	〔　　〕
□□ 10	策謀－計□	りゃく	〔　　〕
		れい	

対義語：1〜5
類義語：6〜10

標準解答　　　　　　　　解　説

1 [創]
模倣：すでにあるものをまねること。
独創：他をまねることなく、独自の考えでつくり出すこと。

2 [晩]
早婚：世間一般より若くして結婚すること。
晩婚：ふつうよりも年をとってから結婚すること。

3 [異]
正統：始祖の教義や学説などを正しく受け継いでいること。
異端：正統的な学説などから外れていること。

4 [没]
繁栄：著しく発展すること。
没落：栄えていたものが、衰えること。

5 [冷]
優遇：手厚くもてなすこと。
冷遇：人をひややかに扱うこと。

6 [退]
去就：去ることと、とどまること。
進退：進むことと、しりぞくこと。職にとどまることと辞めること。

7 [速]
即刻：すぐその時。ただちに。
早速：時間をおかずにすぐ。すぐに。

8 [憩]
休息：仕事や運動などを一時やめて疲れをいやすこと。
休憩：仕事や運動などを一時やめて休むこと。

9 [特]
独自：そのものだけがとくに持つ性質など。
特有：そのものだけがとくに持っているもの。

10 [略]
策謀：はかりごと。
計略：計画を実現するためのはかりごと。

読み

同音・同訓異字

漢字識別

熟語の構成

部首

対義語・類義語

送りがな

四字熟語

誤字訂正

書き取り

269

対義語・類義語②

内のひらがなを漢字に直して□に入れ、**対義語・類義語**を作れ。 内のひらがなは一度だけ使い、**漢字一字**で答えよ。

□□ 1		質素－豪□	[　　]
□□ 2		削除－□加	[　　]
□□ 3	対義語	警戒－□断	[　　]
□□ 4		厳寒－□暑	[　　]
□□ 5		緩慢－□速	[　　]
□□ 6		閉口－□惑	[　　]
□□ 7		至急－□急	[　　]
□□ 8	類義語	永遠－恒□	[　　]
□□ 9		排除－除□	[　　]
□□ 10		許諾－了□	[　　]

か
きゅう
きょ
きん
こん
しょう
てん
びん
もう
ゆ

1回目	2回目
/10問	/10問

▶▶▶ 1章

▶▶▶ 2章

▶▶▶ 3章

（標準解答）　（解 説）

1 [華]
質素：ぜいたくでなく、飾り気がないさま。
豪華：非常にぜいたくで、派手なこと。

2 [添]
削除：文章などの一部を取りさること。
添加：ある物に別の物を加えること。

3 [油]
警戒：危険に備えてあらかじめ注意すること。
油断：うっかり気をゆるめること。

4 [猛]
厳寒：非常に厳しい寒さ。
猛暑：激しい暑さ。

5 [敏]
緩慢：ゆっくりしていること。
敏速：行動がすばやいこと。

6 [困]
閉口：何も言えないくらい、こまること。
困惑：どうしてよいかわからず、こまること。

7 [緊]
至急：非常に急ぐこと。
緊急：重大なことが起こり、急いで対応しなければならないこと。

8 [久]
永遠：いつまでもながく果てしないこと。
恒久：いつまでも変わらないこと。

9 [去]
排除：いらないものを取り除くこと。
除去：不要なものを取りさること。

10 [承]
許諾：願いを認め、許すこと。
了承：事情を理解して聞き入れること。

読み

同音・同訓異字

漢字識別

熟語の構成

部首

対義語・類義語

送りがな

四字熟語

誤字訂正

書き取り

対義語・類義語③

内のひらがなを漢字に直して□に入れ、**対義語・類義語**を作れ。 内のひらがなは一度だけ使い、**漢字一字**で答えよ。

対義語

□□ 1　過激－穏□　　　　〔　　〕

□□ 2　卑下－自□　　　　〔　　〕

□□ 3　帰路－□路　　　　〔　　〕

□□ 4　優良－□悪　　　　〔　　〕

□□ 5　穏和－粗□　　　　〔　　〕

類義語

□□ 6　花婿－新□　　　　〔　　〕

□□ 7　応援－□勢　　　　〔　　〕

□□ 8　両者－□方　　　　〔　　〕

□□ 9　安値－□価　　　　〔　　〕

□□ 10　帰郷－帰□　　　　〔　　〕

おう
か
けん
せい
そう
ぼう
まん
れつ
れん
ろう

272

標準解答		解　説

1 〔 健 〕
過激：言動などが度を越して激しいこと。
穏健：言動などが極端にならず、おだやかなさま。

2 〔 慢 〕
卑下：自分がおとっているといやしめること。
自慢：自分に関することを、得意げに話したりすること。

3 〔 往 〕
帰路：帰り道。
往路：行きの道。

4 〔 劣 〕
優良：優れていて、よいこと。
劣悪：程度が低く、質がよくないこと。

5 〔 暴 〕
穏和：おだやかで、やわらいでいること。
粗暴：性質や動作などが、荒々しいこと。

6 〔 郎 〕
花婿：結婚したばかりの男性。
新郎：結婚したての男性。

7 〔 加 〕
応援：力を貸して助けること。
加勢：人に力を貸すこと。

8 〔 双 〕
両者：両方の者。
双方：あちらとこちら。

9 〔 廉 〕
安値：価格が低いこと。
廉価：値段が安いこと。

10 〔 省 〕
帰郷：故郷にもどること。
帰省：故郷に帰ること。

読み

同音・同訓異字

漢字識別

熟語の構成

部首

対義語・類義語

送りがな

四字熟語

誤字訂正

書き取り

273

対義語・類義語④

内のひらがなを漢字に直して□に入れ、**対義語・類義語**を作れ。 内のひらがなは一度だけ使い、**漢字一字**で答えよ。

□□ 1		辛勝一□敗	[　　]
□□ 2	対義語	連帯一□立	[　　]
□□ 3		早熟一□熟	[　　]
□□ 4		残暑一□寒	[　　]
□□ 5		是認一□認	[　　]
□□ 6		敢行一□行	[　　]
□□ 7		悲喜一□歓	[　　]
□□ 8	類義語	精励一□勉	[　　]
□□ 9		心配一□慮	[　　]
□□ 10		策略一□略	[　　]

あい
きん
こ
せき
だん
ばん
ひ
ぼう
ゆう
よ

標準解答 / 解 説

読み

同音・同訓異字

漢字識別

熟語の構成

部首

対義語・類義語

送りがな

四字熟語

誤字訂正

書き取り

1 [惜]
辛勝（しんしょう）：苦戦しながらやっと勝つこと。
惜敗（せきはい）：勝利までもう一歩のところで敗れること。

2 [孤]
連帯（れんたい）：二人以上の人が、気持ちを合わせて事に当たること。
孤立（こりつ）：他から離れ、一人だけであること。

3 [晩]
早熟（そうじゅく）：年齢のわりに肉体的・精神的な発達が早いこと。
晩熟（ばんじゅく）：通常よりも遅れて成熟すること。

4 [余]
残暑（ざんしょ）：立秋以降も残っている暑さ。
余寒（よかん）：立春が過ぎたのちまで残る寒さ。

5 [否]
是認（ぜにん）：よいと認めること。
否認（ひにん）：事実として認めないこと。

6 [断]
敢行（かんこう）：障害などをものともせず、思い切って行うこと。
断行（だんこう）：反対や障害などを押し切って行うこと。

7 [哀]
悲喜（ひき）：悲しみと喜び。
哀歓（あいかん）：かなしみとよろこび。

8 [勤]
精励（せいれい）：職務や学業に、精を出してつとめはげむこと。
勤勉（きんべん）：仕事や学業に、熱心に取り組むこと。

9 [憂]
心配（しんぱい）：気にかけて思いわずらうこと。
憂慮（ゆうりょ）：悪い事態を予想して思いわずらうこと。

10 [謀]
策略（さくりゃく）：相手をあやつるためのはかりごと。
謀略（ぼうりゃく）：人をだまして、おとしいれるはかりごと。

送りがな①

次の——線の**カタカナ**を**漢字一字**と**送りがな（ひらがな）**に直せ。
〈例〉問題に**コタエル**。〔 答える 〕

□□ 1 **コゴエル**ような寒さが続く。　　　　〔　　　　〕

□□ 2 事務員として**ヤトワ**れる。　　　　〔　　　　〕

□□ 3 入念に準備して発表会に**ノゾム**。　　〔　　　　〕

□□ 4 知らない人から道を**タズネ**られた。　〔　　　　〕

□□ 5 迷ったときは指示を**アオゲ**ばよい。　〔　　　　〕

□□ 6 コーチと選手を**カネル**。　　　　〔　　　　〕

□□ 7 台風が近づき海が**アレル**。　　　　〔　　　　〕

□□ 8 疑問に対し**スミヤカニ**回答する。　　〔　　　　〕

□□ 9 船内の食糧が**トボシク**なってきた。　〔　　　　〕

□□ 10 **オロカナ**争いを繰り返した。　　　〔　　　　〕

標準解答 / 解 説

1 [凍える]
凍える：寒さのために手足などが感覚を失い、自由がきかなくなる。
他の例 凍る

2 [雇わ]
雇う：賃金を払って人を使う。

3 [臨む]
臨む：ある場所や会などに参加する。

4 [尋ね]
尋ねる：わからないことを人に質問する。

5 [仰げ]
仰ぐ：自分より年齢や立場が上の人に、援助や助言を求める。

6 [兼ねる]
兼ねる：二つ以上の働きや役割を、一つのものや一人の人が合わせ持つ。

7 [荒れる]
荒れる：勢いが激しくなる。
他の例 荒い、荒らす

8 [速やかに]
速やかだ：物事の進行がはやい様子。
他の例 速い、速める、速まる

9 [乏しく]
乏しい：足りない。不足している。

10 [愚かな]
愚かだ：ばかげている様子。

読み
同音・同訓異字
漢字識別
熟語の構成
部首
対義語・類義語
送りがな
四字熟語
誤字訂正
書き取り

277

送りがな②

次の――線の**カタカナ**を**漢字一字**と**送りがな（ひらがな）**に直せ。
〈例〉問題に**コタエル**。〔 答える 〕

□□ 1 経験不足を努力で**オギナウ**。　　　〔　　　　　〕

□□ 2 声に出して数を**タシカメル**。　　　〔　　　　　〕

□□ 3 **ツノル**思いを手紙に書きつづる。　〔　　　　　〕

□□ 4 夕方、空が赤く**ソマッ**た。　　　　〔　　　　　〕

□□ 5 古いエアコンが**コワレル**。　　　　〔　　　　　〕

□□ 6 やめるように説得を**ココロミ**た。　〔　　　　　〕

□□ 7 けんかをした相手に**アヤマリ**たい。〔　　　　　〕

□□ 8 破れた箇所を**ツクロッ**た。　　　　〔　　　　　〕

□□ 9 **イサマシイ**姿で敵に立ち向かう。　〔　　　　　〕

□□10 **オダヤカナ**父が珍しく怒っている。〔　　　　　〕

標準解答　　解説

1 　補う　　補う：不足したところや欠けたところを満たす。

2 　確かめる　　確かめる：あやふやな点を調べてはっきりさせる。
他の例 確か

3 　募る　　募る：勢いや傾向などがますます激しくなる。

4 　染まっ　　染まる：光が当たって色が変わる。
他の例 染める　など
ある✕ 染っ

5 　壊れる　　壊れる：本来の機能を失い、うまく動かなくなる。
他の例 壊す

6 　試み　　試みる：ためしにやってみる。
他の例 試す

7 　謝り　　謝る：自分の過失や罪を認め、心からわびる。

8 　繕っ　　繕う：破れたりこわれたりしたところを直す。

9 　勇ましい　　勇ましい：恐れずに危険などに向かっていく様子。

10 　穏やかな　　穏やかだ：落ち着いて、静かな様子。
ある✕ 穏やか…――線部分がどこまでかをよく確認しよう。

送りがな③

次の──線の**カタカナ**を**漢字一字**と**送りがな（ひらがな）**に直せ。
〈例〉問題に**コタエル**。〔 答える 〕

□□ 1 読み終えた雑誌をひもで**シバル**。　〔　　　　　〕

□□ 2 雨脚が次第に**オトロエ**てきた。　〔　　　　　〕

□□ 3 周囲の忠告に**サカラッ**た。　〔　　　　　〕

□□ 4 その方法はリスクを**トモナウ**。　〔　　　　　〕

□□ 5 避難所に非常食を**タクワエル**。　〔　　　　　〕

□□ 6 兄を**シタッ**て上京した。　〔　　　　　〕

□□ 7 定価の八割の値段で商品を**オロス**。　〔　　　　　〕

□□ 8 甘い判断を下したことを**クヤム**。　〔　　　　　〕

□□ 9 **タクミナ**演技で観客をわかす。　〔　　　　　〕

□□ 10 **オソロシイ**出来事が起こった。　〔　　　　　〕

（標準解答）　　　（解説）

1 [縛る] 縛る：縄やひもなどで結びつけ、離れないようにする。

2 [衰え] 衰える：力や勢いなどが弱まる。

3 [逆らっ] 逆らう：相手の言うことに背く。
誤答✗ 逆っ

4 [伴う] 伴う：同時に起こる。引き起こす。

5 [蓄える] 蓄える：のちのために集めておく。ためておく。

6 [慕っ] 慕う：心がひかれ、なつかしく思う。恋しく思ってあとを追う。

7 [卸す] 卸す：問屋が小売店に商品を売る。

8 [悔やむ] 悔やむ：過ぎたことを思い返し残念に思う。
他の例 悔いる、悔しい

9 [巧みな] 巧みだ：物事を手ぎわよく上手に行うさま。
誤答✗ 巧な

10 [恐ろしい] 恐ろしい：こわい。不安を感じさせる。
他の例 恐れる
誤答✗ 恐しい

四字熟語①

文中の**四字熟語**の──線の**カタカナ**を**漢字二字**に直せ。

□□ 1 一騎**トウセン**のつわものをそろえる。 [　]

□□ 2 **ヘンゲン**隻句から意図をくむ。 [　]

□□ 3 刻苦**ベンレイ**して志を果たした。 [　]

□□ 4 **サンシ**水明の地を訪れる。 [　]

□□ 5 古い本を**ゴショウ**大事にとっている。 [　]

□□ 6 会社を立ち上げ、**コグン**奮闘する。 [　]

□□ 7 悪逆**ムドウ**の行いを罰する。 [　]

□□ 8 **シンキ**一転、新しい仕事に取り組んだ。 [　]

□□ 9 **ロヘン**談話ですっかり長居をした。 [　]

□□ 10 多岐**ボウヨウ**で進路を決めかねる。 [　]

標準解答　　　　解　説

1 [当千]
一騎当千：一人で千人の敵を相手にできるほど強いこと。

2 [片言]
片言隻句：わずかなことば。ほんのひとこと。
✎「片言隻語」ともいう。

3 [勉励]
刻苦勉励：非常に苦労して、ひたすら仕事や学問などにはげむこと。

4 [山紫]
山紫水明：自然の景観が清らかで美しいこと。
✎「山紫」は日の光に照らされて、山が紫にかすむという意味。

5 [後生]
後生大事：物を大切に保持すること。
✎もとは仏教語で、後生（来世）のために、仏教の修行にはげむ意味。

6 [孤軍]
孤軍奮闘：支援する者がなく、ただ一人で必死に努力すること。
✎「孤軍」は味方から孤立した軍勢の意味。

7 [無道]
悪逆無道：人のみちに背いたひどい悪事。

8 [心機]
心機一転：あることをきっかけに、よい方向へ気持ちをすっかり切り替えること。

9 [炉辺]
炉辺談話：いろりのそばでくつろいでいる、うちとけた話。

10 [亡羊]
多岐亡羊：方針が多すぎて選択に迷うこと。

読み

同音・同訓異字

漢字識別

熟語の構成

部首

対義語・類義語

送りがな

四字熟語

誤字訂正

書き取り

283

四字熟語②

文中の**四字熟語**の――線の**カタカナ**を**漢字二字**に直せ。

☐☐ 1 **天衣ムホウ**な人柄が愛された。 [   ]

☐☐ 2 **千載イチグウ**のチャンスに巡りあう。[   ]

☐☐ 3 出世のため**メンジュウ腹背**の姿勢を貫く。 [   ]

☐☐ 4 世の中の**ウイ転変**を悲しむ。 [   ]

☐☐ 5 上司が**率先スイハン**して業務改善を図る。 [   ]

☐☐ 6 **意味シンチョウ**な一言であった。 [   ]

☐☐ 7 皆が**イク同音**に反対した。 [   ]

☐☐ 8 **全身ゼンレイ**で研究に打ち込む。 [   ]

☐☐ 9 **タイギ名分**を掲げて行動する。 [   ]

☐☐ 10 **キキュウ存亡**のときを迎えた。 [   ]

	標準解答	解 説
1	無縫	天衣無縫：飾り気がなく自然であること。 🖋 天女の衣にはぬい目がなく、人工的な細工がないという意味。
2	一遇	千載一遇：またとないよい機会。 🖋 千年に一度しか巡りあえないという意味。
3	面従	面従腹背：うわべはしたがうふりをして、内心は反抗していること。 🖋 「腹背」は腹の底では背くという意味。
4	有為	有為転変：この世のすべての存在や現象は常に移り変わり、少しの間もとどまっていないこと。
5	垂範	率先垂範：人に先立って手本を示すこと。
6	深長	意味深長：人の行動や言葉、詩文などの意味や趣が非常にふかく含みがあること。
7	異口	異口同音：みんなの意見や考えが一致すること。
8	全霊	全身全霊：その人の体力と気力のすべて。
9	大義	大義名分：ある行動を起こす際の根拠となる正当な理由や道理。
10	危急	危急存亡：きけんが迫っていて、生きるか死ぬかのせとぎわのこと。

1回目 ／10問　2回目 ／10問

読み

同音・同訓異字

漢字識別

熟語の構成

部首

対義語・類義語

送りがな

四字熟語

誤字訂正

書き取り

285

四字熟語③

文中の**四字熟語**の──線の**カタカナ**を**漢字二字**に直せ。

□□ 1 <u>マンゲン</u>放語ばかりで信用をなくす。 [　　　]

□□ 2 一意<u>センシン</u>、学問に打ち込んだ。 [　　　]

□□ 3 それは<u>キカイ</u>千万な話だ。 [　　　]

□□ 4 旧態<u>イゼン</u>としたやり方を批判する。 [　　　]

□□ 5 <u>キョウテン</u>動地の事件が起こった。 [　　　]

□□ 6 教授の高論<u>タクセツ</u>に感服した。 [　　　]

□□ 7 自己<u>ギセイ</u>の精神に感動する。 [　　　]

□□ 8 <u>ジンセキ</u>未踏の地にいどむ。 [　　　]

□□ 9 同工<u>イキョク</u>の作品に落胆する。 [　　　]

□□ 10 彼は画家の中で**当代<u>ズイイチ</u>**の腕前だ。 [　　　]

標準解答　　　　解説

1 [漫言]
漫言放語：いいたい放題。
✎ 「漫言」はとりとめのないことば、「放語」はくちから出まかせをいい散らすこと。

2 [専心]
一意専心：他のことを考えず、ひたすら一つのことに集中すること。

3 [奇怪]
奇怪千万：ふだんと違っていて、たいそう不気味なこと。

4 [依然]
旧態依然：昔のままで少しも進歩しないさま。

5 [驚天]
驚天動地：世間を大いにおどろかせること。
✎ 天を驚かせ、地を揺り動かすという意味。

6 [卓説]
高論卓説：優れた意見や議論。
✎ 「高」は程度が高いこと、「卓」は他より抜きんでて優れているという意味。

7 [犠牲]
自己犠牲：公共のために、自分の利益や幸福を後回しにして、時間や労力などといった大切なものをささげること。

8 [人跡]
人跡未踏：これまでにだれも足を踏み入れたことがないこと。

9 [異曲]
同工異曲：外見は違うが、内容は似たり寄ったりであること。

10 [随一]
当代随一：今の時代では、いちばんであること。

読み

同音・同訓異字

漢字識別

熟語の構成

部首

対義語・類義語

送りがな

四字熟語

誤字訂正

書き取り

287

四字熟語④

文中の**四字熟語**の──線の**カタカナ**を**漢字二字**に直せ。

□□ 1 <u>ナンコウ</u>不落といわれた城だ。　　　[　　　]

□□ 2 <u>ハクラン</u>**強記**の学者に指導を受ける。[　　　]

□□ 3 被告人が**無罪**<u>ホウメン</u>となる。　　[　　　]

□□ 4 <u>メイキョウ</u>**止水**の心境で試験に臨む。[　　　]

□□ 5 師の**片言**<u>セキゴ</u>に注意を払う。　　[　　　]

□□ 6 **意志**<u>ハクジャク</u>な自分を反省する。　[　　　]

□□ 7 公園に<u>センシ</u>**万紅**の花々が咲き誇る。[　　　]

□□ 8 運動して<u>シンチン</u>**代謝**を促す。　　[　　　]

□□ 9 **天変**<u>チイ</u>が相次いで起きた。　　　[　　　]

□□ 10 <u>チョクジョウ</u>**径行**な弟と口論になる。[　　　]

標準解答 | 解説

1 [難攻]
難攻不落：城などがせめ落としにくいこと。

2 [博覧]
博覧強記：さまざまな書物を読んで多くの知識を持ち、よく覚えていること。

3 [放免]
無罪放免：疑いが晴れること。
✐ もとは罪を犯していないとわかった人を自由にするという意味。

4 [明鏡]
明鏡止水：邪念がなく、澄みきって落ち着いた心境。

5 [隻語]
片言隻語：わずかな言葉。
✐ 「片言隻句」ともいう。

6 [薄弱]
意志薄弱：はっきりと自分の意志を持たないさま。意志がよわくて根気が続かなかったり、決定や決行ができなかったりすること。

7 [千紫]
千紫万紅：いろいろな花の色。また、花が色とりどりに咲き乱れているさま。

8 [新陳]
新陳代謝：あたらしいものが古いものと入れ替わること。特に生体内で必要な物質を取り入れ、不必要な物質を排出する作用。

9 [地異]
天変地異：地震・暴風・噴火など、天地の間に起こる自然の変動のこと。

10 [直情]
直情径行：周囲の状況や相手の気持ちにかまわず、自分の思ったとおりに振る舞うこと。

読み

同音・同訓異字

漢字識別

熟語の構成

部首

対義語・類義語

送りがな

四字熟語

誤字訂正

書き取り

四字熟語⑤

文中の**四字熟語**の──線の**カタカナ**を**漢字二字**に直せ。

□
□ **1** 悪人が**一網ダジン**に捕らえられた。　［　　　　］

□
□ **2** **栄枯セイスイ**は世の常である。　［　　　　］

□
□ **3** **カロ冬扇**の企画では採用されない。　［　　　　］

□
□ **4** チームの**士気コウヨウ**を図る。　［　　　　］

□
□ **5** **ダンイ飽食**に慣れてしまった。　［　　　　］

□
□ **6** **悪口ゾウゴン**に耐えて任務を果たす。　［　　　　］

□
□ **7** 彼の話は**美辞レイク**ばかりだ。　［　　　　］

□
□ **8** 部長と顧問は**ドウショウ異夢**だ。　［　　　　］

□
□ **9** **モンコ開放**政策をとる。　［　　　　］

□
□ **10** **用意バンタン**整えて試合を待つ。　［　　　　］

1回目	2回目
/10問	/10問

▶▶▶ 1章
▶▶▶ 2章
▶▶▶ 3章

<table>
<tr><td>標準解答</td><td>解　説</td></tr>
</table>

1 〔 打尽 〕　一網打尽：犯人などを一度で全員捕らえること。
✎ もとは一網で魚を全部捕まえる意味。

2 〔 盛衰 〕　栄枯盛衰：人・家・国などが、栄えたりおとろえたりすること。

3 〔 夏炉 〕　夏炉冬扇：季節外れで役に立たない物のこと。
✎ 暑い夏の火鉢と、寒い冬の扇という意味。

4 〔 高揚 〕　士気高揚：集団で事に当たるときに、全体の熱意がたかまること。

5 〔 暖衣 〕　暖衣飽食：あたたかい服を身につけ、飽きるほど食べられる、安楽な暮らしのこと。

6 〔 雑言 〕　悪口雑言：くちぎたなくあれこれののしること。

7 〔 麗句 〕　美辞麗句：うわべだけを美しく飾り立てた、内容のないことば。

8 〔 同床 〕　同床異夢：境遇がおなじでも心は別々であること。おなじことをしていても考えは異なっていること。

9 〔 門戸 〕　門戸開放：制限をなくし、自由にすること。
✎ もとは、門戸を開け放って出入りを自由にするという意味。

10 〔 万端 〕　用意万端：準備のすべて。

読み

同音・同訓異字

漢字識別

熟語の構成

部首

対義語・類義語

送りがな

四字熟語

誤字訂正

書き取り

誤字訂正①

次の各文にまちがって使われている**同じ読み**の漢字が**一字**ある。
誤字と、**正しい漢字**を答えよ。

誤　　正

☐
☐ 1　雑務に忙察されて、翌年の事業に関す
　　　る企画書を準備する時間が取れない。　〔　〕→〔　〕

☐
☐ 2　この地域の某所に眠る埋造金のうわ
　　　さを信じ、発掘調査を続けている。　〔　〕→〔　〕

☐
☐ 3　桜を探して川沿いの道を歩きながら、
　　　春の里山の風景を慢喫した。　　　　〔　〕→〔　〕

☐
☐ 4　国際芸術祭は世界的な音楽家による
　　　典雅で味力のある演奏で開幕した。　〔　〕→〔　〕

☐
☐ 5　湾内に提泊中の貨物船に漁船が衝突
　　　する事故が起き、重油が漏れた。　　〔　〕→〔　〕

☐
☐ 6　著名な浮世絵師の貴重な肉筆画を、
　　　競売で欧州の美術商が落刷した。　　〔　〕→〔　〕

☐
☐ 7　先輩を次々に打倒した最年少のプロ
　　　棋士の快進激が脚光を浴びている。　〔　〕→〔　〕

☐
☐ 8　世界選手権大会に向け事前合宿を誘
　　　致する自治体の活動が化熱している。〔　〕→〔　〕

☐
☐ 9　戦争の悲劇を描き画団に大きな足跡
　　　を残した画家の回顧展が始まった。　〔　〕→〔　〕

☐
☐10　抜群の仕質を持った高校生が努力を
　　　重ね、ゴルフ選手権で優勝した。　　〔　〕→〔　〕

標準解答　　　　　解　説
誤　　正

1 ［察］→［殺］　忙殺（ぼうさつ）：非常にいそがしいこと。

2 ［造］→［蔵］　埋蔵（まいぞう）：地中にうずめ隠すこと。

3 ［慢］→［満］　満喫（まんきつ）：十分に味わい楽しむこと。

4 ［味］→［魅］　魅力（みりょく）：人の心を引きつけ、夢中にさせる不思議な力。

5 ［提］→［停］　停泊（ていはく）：船がいかりを下ろしてとまること。

6 ［刷］→［札］　落札（らくさつ）：競争入札の結果、目的物を手に入れること。

7 ［激］→［撃］　快進撃（かいしんげき）：試合などで非常に調子よく勝ち進むこと。

8 ［化］→［過］　過熱（かねつ）：度を越して、激しくなること。

9 ［団］→［壇］　画壇（がだん）：画家たちの社会。

10 ［仕］→［資］　資質（ししつ）：生まれつき持っている才能や性質。天性。

読み
同音・同訓異字
漢字識別
熟語の構成
部首
対義語・類義語
送りがな
四字熟語
誤字訂正
書き取り

誤字訂正②

次の各文にまちがって使われている**同じ読み**の漢字が**一字**ある。
誤字と、**正しい漢字**を答えよ。

誤　　正

☐☐ 1　育児や介護のための休暇を取得しや　[　]→[　]
　　　すくする法律が順事施行される。

☐☐ 2　人工知脳を利用して執筆した小説が　[　]→[　]
　　　文学賞の最終候補作に選出された。

☐☐ 3　けがのため連敗した横綱が休場を与　[　]→[　]
　　　儀なくされ引退も視野に入ってきた。

☐☐ 4　不法駐車が依全として減らず、警察　[　]→[　]
　　　は商店街を巡回して啓発に努めた。

☐☐ 5　名人とも互角に戦った若手棋士が、　[　]→[　]
　　　連勝記録更新の依業を成し遂げた。

☐☐ 6　町の出身者が所属して活躍中の球団　[　]→[　]
　　　を、町民が一含となって応援する。

☐☐ 7　飲酒運転の同乗者にも罰則を科す道　[　]→[　]
　　　路交通法の改正案が果決された。

☐☐ 8　観光の振興のため隣接する町の情報　[　]→[　]
　　　を満載した冊子を街当で配布した。

☐☐ 9　将来の監部社員を育成するため、有　[　]→[　]
　　　力な若手を海外の支社に派遣する。

☐☐ 10　築五十年で老旧化した校舎を解体し、　[　]→[　]
　　　耐震性を考慮した建物にする。

標準解答　　　　　　解　説

誤　　正

1 ［事］→［次］　順次：順を追ってすること。

2 ［脳］→［能］　知能：思考して適切な判断をする能力。知恵の働き。

3 ［与］→［余］　余儀：他にとるべき方法。

4 ［全］→［然］　依然：もとのままで変わらないさま。

5 ［依］→［偉］　偉業：優れた仕事や業績。

6 ［含］→［丸］　一丸：ひとかたまり。人や物が一つにまとまること。

7 ［果］→［可］　可決：提出された議案を、よいと認めて決定すること。

8 ［当］→［頭］　街頭：まちの路上。まちかど。

9 ［監］→［幹］　幹部：会社や団体などで重要な地位に就き、活動の中心となる人。

10 ［旧］→［朽］　老朽化：古くなって役に立たなくなること。

読み

同音・同訓異字

漢字識別

熟語の構成

部首

対義語・類義語

送りがな

四字熟語

誤字訂正

書き取り

295

誤字訂正③

次の各文にまちがって使われている**同じ読みの漢字**が**一字**ある。
誤字と、**正しい漢字**を答えよ。

誤　　正

□□ 1　仕事と育児を両立できるよう社員の
　　　育児休加の取得を推進している。　　［　］→［　］

□□ 2　ローマを居点に遺跡の撮影に取り組
　　　んだ写真家の作品展が開催された。　［　］→［　］

□□ 3　経年変化で退色した教会の絵画の修
　　　復に最新の復元技術が苦使された。　［　］→［　］

□□ 4　県内屈志の梅の名所として知られる
　　　幽谷の古寺を、友人と共に訪れた。　［　］→［　］

□□ 5　継約違反による処分として、その企
　　　業との売買を一定期間停止した。　　［　］→［　］

□□ 6　建設予定の誤楽施設の屋上に太陽熱
　　　を集積する装置をつける要望を出す。［　］→［　］

□□ 7　無実の人が誤解のため逮捕され、一
　　　週間にわたり身柄を抗束された。　　［　］→［　］

□□ 8　就職を機に一人暮らしを始め、日常
　　　生活に必要な雑果をそろえた。　　　［　］→［　］

□□ 9　慈全事業の一環として、就学援助の
　　　ためのバザーが保育園で開かれた。　［　］→［　］

□□ 10　水害に備え、各自地体で浸水の危険
　　　度を図表で示し、住民に伝達した。　［　］→［　］

標準解答　　　　解説
誤　　正

1 ［加］→［暇］　休暇：休日以外の公認されている休み。

2 ［居］→［拠］　拠点：活動の足場となる重要な場所。

3 ［苦］→［駆］　駆使：自由に使いこなすこと。

4 ［志］→［指］　指指：多くのものの中で、特にゆびを折って数えあげるほど優れていること。

5 ［継］→［契］　契約：二人以上の意思の合致で成立し、法律上の効果を持つ行為。

6 ［誤］→［娯］　娯楽：空いた時間に、心を楽しませ慰めるもの。

7 ［抗］→［拘］　拘束：行動・意志の自由を奪うこと。

8 ［果］→［貨］　雑貨：種々の細かい日用品。

9 ［全］→［善］　慈善：困っている人に金品を与えるなどして救済すること。

10 ［地］→［治］　自治体：一定の住民を持ち、行政の権能を国家から与えられた公の団体。都道府県や市町村など。

誤字訂正④

次の各文にまちがって使われている**同じ読み**の漢字が**一字**ある。
誤字と、**正しい漢字**を答えよ。

誤　　正

□□ 1　漫画を電子書績で読む人が多くなり
書店での販売部数は減少している。〔　〕→〔　〕

□□ 2　アメリカで人種差別に抗議するデモ
が激化し、警官隊と障突した。〔　〕→〔　〕

□□ 3　気象庁は集中豪雨警報の整度を上げ
るため、観測システムを改善した。〔　〕→〔　〕

□□ 4　梅雨前線の停滞による日照不足で、
野菜や果実の生育が祖害された。〔　〕→〔　〕

□□ 5　山岳送難が相次ぎ、悪天候が予想さ
れる場合は下山するよう呼びかけた。〔　〕→〔　〕

□□ 6　恒例の料理大会が開催され、達人た
ちが卓悦した技を競い合った。〔　〕→〔　〕

□□ 7　労働時間の上限を超価して従業員を
働かせることは禁じられている。〔　〕→〔　〕

□□ 8　昔は川が流れていた地域に、豪族の
墓と見られる古墳が展在している。〔　〕→〔　〕

□□ 9　むやみに森林を伐済することは、下
流域の環境破壊にもつながる。〔　〕→〔　〕

□□ 10　不漁の原因は、水産資源の管理の不
微だと専門家が指摘した。〔　〕→〔　〕

（標準解答）　　　　　（解　説）

誤　　　正

読み

同音・同訓異字

漢字識別

熟語の構成

部首

対義語・類義語

送りがな

四字熟語

誤字訂正

書き取り

1 ［績］→［籍］　書籍：本。書物。

2 ［障］→［衝］　衝突：何かにつきあたること。ぶつかること。

3 ［整］→［精］　精度：人の仕事や機械などの正確さ・せいみつさの度合い。

4 ［祖］→［阻］　阻害：さまたげること。じゃまをすること。

5 ［送］→［遭］　遭難：登山や航海などで命を落とすような災難にあうこと。

6 ［悦］→［越］　卓越：他より抜きんでて優れていること。

7 ［価］→［過］　超過：時間や数量などが、決められた限度をこえること。

8 ［展］→［点］　点在：あちらこちらに散らばってあること。

9 ［済］→［採］　伐採：樹木をきり倒して運び出すこと。

10 ［微］→［備］　不備：そなえが十分でないこと。整っていないこと。

誤字訂正⑤

次の各文にまちがって使われている**同じ読みの漢字**が**一字**ある。
誤字と、**正しい漢字**を答えよ。

誤　　正

☐
☐ 1　不正で腐排した組織を改革するために、役員全ての辞任が求められた。　〔　〕→〔　〕

☐
☐ 2　宇宙物理の教授が、学問の価値を実用性だけで判断する風徴を憂える。　〔　〕→〔　〕

☐
☐ 3　道路が舗奏され雨水の地中への浸透が妨げられたことが、水害増加の一因だ。　〔　〕→〔　〕

☐
☐ 4　県は大学を遊致して、若者の人口増加と経済の活性化を目指している。　〔　〕→〔　〕

☐
☐ 5　北海道と本州間の海境を渡る航路は沿岸の絶景を楽しむことができる。　〔　〕→〔　〕

☐
☐ 6　気候変動に対する世論を換起するため、自然保護団体が立ち上がる。　〔　〕→〔　〕

☐
☐ 7　新型車両の脱線事故があり、運輸安全委員会は原因の求明を急いだ。　〔　〕→〔　〕

☐
☐ 8　日本の伝統的な職人の技術を海外からの留学生が継章する。　〔　〕→〔　〕

☐
☐ 9　死んだ祖父の埋層の許可を、親族が役所に出向いて申請した。　〔　〕→〔　〕

☐
☐ 10　自治体が市内の全小中学校に向け、児童逆待の実態調査を行う。　〔　〕→〔　〕

標準解答
誤　　正

解　説

1 [排]→[敗]　腐敗：健全な精神を失い、道徳が守られない状態。

2 [徴]→[潮]　風潮：時代とともに変わっていく、世の中の傾向。

3 [奏]→[装]　舗装：道路の表面をコンクリートやアスファルトなどで固めて整えること。

4 [遊]→[誘]　誘致：さそって、ある場所へ呼び寄せること。

5 [境]→[峡]　海峡：陸地と陸地にはさまれた狭い海。

6 [換]→[喚]　喚起：呼び起こすこと。呼びかけて意識させること。

7 [求]→[究]　究明：道理・真理などを、つきつめて明らかにすること。

8 [章]→[承]　継承：先代の地位・財産・権利・義務などを受け継ぐこと。

9 [層]→[葬]　埋葬：遺体や遺骨を土の中にうめ、ほうむること。

10 [逆]→[虐]　虐待：いじめるなど、ひどい扱いをすること。むごたらしい扱い。

読み
同音・同訓異字
漢字識別
熟語の構成
部首
対義語・類義語
送りがな
四字熟語
誤字訂正
書き取り

書き取り①

次の——線の**カタカナ**を**漢字**に直せ。

□□ 1 小説家は穏やかな**バンネン**を過ごした。 〔　　　〕

□□ 2 ペンで顔の**リンカク**を描く。 〔　　　〕

□□ 3 彼は**メイロウ**で活発だ。 〔　　　〕

□□ 4 新しい部長に後事を**タク**した。 〔　　　〕

□□ 5 記事の一部を**バッスイ**して紹介する。 〔　　　〕

□□ 6 **コハン**で水鳥たちが羽を休めていた。 〔　　　〕

□□ 7 風で麦の**ホ**がさざ波のように揺れる。 〔　　　〕

□□ 8 **カ**け算の九九を何度も練習した。 〔　　　〕

□□ 9 犯人は山中に身を**ヒソ**めていたようだ。 〔　　　〕

□□ 10 **タマシイ**がぬけたような顔で立ち尽くす。 〔　　　〕

1回目	2回目
/10問	/10問

▶▶▶ 1章
▶▶▶ 2章
▶▶▶ 3章

標準解答　　　　　　　　解　説

1 〔 晩年 〕
晩年：一生の終わりの時期。人が年をとった時期。
✏ 「晩年」の晩は「終わりに近い」という意味。

2 〔 輪郭 〕
輪郭：物の外側の形を表す線。
✏ 郭は「かこい」という意味を持つ。

3 〔 明朗 〕
明朗：あかるくほがらかなこと。
ここ✕ 明郎…郎は「おとこ。若い男性。」などという意味を持つ別の漢字。

4 〔 託 〕
託する：用件や品物などを人の手にゆだねる。
ここ✕ 点画に注意。右部分が「屯」となっている誤答が多い。形をよく確認しよう。　託✕　託○

5 〔 抜粋 〕
抜粋：文章や楽曲などから、必要な部分だけをぬき出すこと。

6 〔 湖畔 〕
湖畔：みずうみのほとり。みずうみの水ぎわ。
✏ 畔は「ほとり。水ぎわ。」という意味を持つ。部首は田（たへん）。

7 〔 穂 〕
穂：植物の花や実が、長い花軸のまわりにたくさんついたもの。
ここ✕ 右上の位置に「丶」は不要。　穂✕　穂○

8 〔 掛 〕
掛け算：ある数を、他の数の回数分加えた結果を求める計算。

9 〔 潜 〕
潜める：身を隠す。

10 〔 魂 〕
魂：生きているものの中にあり、心を動かしていると考えられるもの。
ここ✕ 1〜4画目が不正確な誤答が多い。魂✕　魂○

読み

同音・同訓異字

漢字識別

熟語の構成

部首

対義語・類義語

送りがな

四字熟語

誤字訂正

書き取り

書き取り②

次の――線の**カタカナ**を**漢字**に直せ。

□□ 1 応募作品を**ゲンセイ**に審査する。 [   ]

□□ 2 二人の才能は**ユウレツ**をつけがたい。 [   ]

□□ 3 恐ろしい**ギョウソウ**で敵と向き合う。 [   ]

□□ 4 世のきびしさを**ツウセツ**に感じる。 [   ]

□□ 5 横浜は日本有数の**コウワン**都市だ。 [   ]

□□ 6 珍しい陶磁器を多数**ショゾウ**している。 [   ]

□□ 7 とんだ**シロモノ**をつかまされた。 [   ]

□□ 8 子どもたちは先生を**シタ**っている。 [   ]

□□ 9 最後の頼みの**ツナ**がきれてしまった。 [   ]

□□ 10 和服に白い**タビ**を合わせた。 [   ]

1回目	2回目
/10問	/10問

標準解答　　解　説

1 厳正
厳正：きびしい態度で公正に行うこと。
✎「厳正」の正は「ただす」という意味を表す。

2 優劣
優劣：まさることと、おとること。
✎劣には「おとる。力が及ばない。」という意味がある。語例 劣等

3 形相
形相：顔つき。表情。
✎形、相はいずれも「すがた。ありさま。」という意味。

4 痛切
痛切：身にしみるほど、強く感じること。
✎「痛切」の切は「しきりに。ひたすら。」という意味。語例 切望

5 港湾
港湾：船が停泊し、乗客の乗り降りや荷のあげおろしの設備がある海域。

6 所蔵
所蔵：自分のものとして、しまってあること。
✎「所蔵」の蔵は「おさめる。しまっておく。」という意味を表す。

7 代物
代物：売買する品。商品。
✎代（しろ）は中学校で学習する訓読み。

8 慕
慕う：あこがれて近づきたいと思う。

9 綱
綱：すがって頼りにするもの。
まるX「綱」と混同した誤答が多い。右部分の「岡」の内側の形をよく確認しよう。

10 足袋
足袋：和服のとき、防寒や礼装のため、あしにはくもの。

書き取り③

次の——線の**カタカナ**を**漢字**に直せ。

□□ 1 **タイホ**状を示して被疑者を拘束する。 [　　　]

□□ 2 基本と違っても**ヨウニン**する。 [　　　]

□□ 3 **タサイ**な技法で、風景の美しさを描く。 [　　　]

□□ 4 **トウゲイ**教室で青い皿を焼いた。 [　　　]

□□ 5 鬼と戦う**マンガ**を読む。 [　　　]

□□ 6 **ナマヤサ**しい覚悟では勝てない。 [　　　]

□□ 7 残念な知らせを聞いて表情が**クモ**った。 [　　　]

□□ 8 **カタコ**りがひどいので、もみほぐした。 [　　　]

□□ 9 職人が寺のつり鐘を**イ**る。 [　　　]

□□ 10 豆を**アラ**くひいたコーヒーが好みだ。 [　　　]

標準解答	解説
1 逮捕	逮捕：警察官などが犯人をつかまえること。 まちがえ× 逮に注意。1〜8画目の形を確認しよう。 × 逮 ○ 逮
2 容認	容認：よいと許してみとめること。 ✎ 容には「ききいれる。ゆるす。」という意味がある。
3 多彩	多彩：種々さまざまで、見事なこと。 まちがえ× 多才…「多才」は「いろいろな方面に才能があること」という意味の別語。
4 陶芸	陶芸：土を成形して焼き物を作る技術。 まちがえ× 陶に注意。胸と混同した誤答が目立つ。「旬」の内側の形をよく確認しよう。 × 陶 ○ 陶
5 漫画	漫画：連続する絵とせりふで描いた物語。 ✎ 漫には「こっけいな」という意味がある。
6 生易	生易しい：簡単である。 まちがえ× 生優しい…「優しい」は「思いやりがある」という意味。
7 曇	曇る：心が晴れず、ふさいだ状態になる。 まちがえ× 雲る…雲は「空に浮かぶくも」を表す別の漢字。
8 肩凝	肩凝り：血液の流れが滞り、かたの筋肉が固くなって痛むこと。 ✎ 凝には「かたまる」などという意味がある。
9 鋳	鋳る：金属を溶かして型に流し入れ、固めて器物をつくる。 まちがえ× 射る…「射る」は「矢を放つ」という意味。
10 粗	粗い：粒や、すき間が大きい。

読み / 同音・同訓異字 / 漢字識別 / 熟語の構成 / 部首 / 対義語・類義語 / 送りがな / 四字熟語 / 誤字訂正 / 書き取り

書き取り④

次の——線の**カタカナ**を**漢字**に直せ。

□□ 1 玄関の**ジョウマエ**が壊れた。 [　　　]

□□ 2 ひとりの**ロウバ**がバスに乗ってきた。[　　　]

□□ 3 在留**ホウジン**の数を調査する。 [　　　]

□□ 4 彼女は感情の**キフク**が激しい。 [　　　]

□□ 5 **ヒクツ**な態度をとる必要はない。 [　　　]

□□ 6 犬を連れて山へ**シュリョウ**に出かける。 [　　　]

□□ 7 皆を納得させるのは**シナン**の業だった。 [　　　]

□□ 8 夜空に**イナズマ**が光る。 [　　　]

□□ 9 炎天の下、イネの**ホサキ**が垂れ始めた。 [　　　]

□□ 10 結婚式で祝いの言葉を**オク**る。 [　　　]

標準解答　　　解　説

読み

1 錠前
　錠前：戸・とびらなどに取りつけて、開かないようにする金具。

同音・同訓異字

2 老婆
　老婆：年とった女性。
　まる× 婆に注意。姿と混同した誤答が目立つ。1～3画目は「冫」ではない。 ×姿 ○婆

漢字識別

3 邦人
　邦人：自国の人。自分の国の国籍を持つ人。特に、海外に住む日本人。

熟語の構成

4 起伏
　起伏：勢いや感情などの揺れ動きや変化。
　✎ 起は「おきる」、伏は「ふせる」で、反対の意味を表す字を重ねた構成の熟語。

部首

5 卑屈
　卑屈：心がいじけて必要以上にへりくだる様子。

対義語・類義語

6 狩猟
　狩猟：野生の鳥獣を、鉄砲や網などを用いて捕らえること。
　まる× 狩漁…漁は「魚や貝をとる」という意味。

送りがな

7 至難
　至難：この上もなくむずかしいこと。
　✎ 「至難」の至は、「この上もない」という意味を表す。 語例 至急

四字熟語

8 稲妻
　稲妻：雷雨のとき、空中での放電によっておこる電光。

誤字訂正

9 穂先
　穂先：植物の穂の先。

書き取り

10 贈
　贈る：祝福などの気持ちを込めて物などをあげる。

書き取り⑤

次の——線の**カタカナ**を**漢字**に直せ。

☐☐ 1 胃液の**ブンピツ**量を測定する。 〔　　　〕

☐☐ 2 教授の**レイジョウ**と結婚する。 〔　　　〕

☐☐ 3 原野を**カイコン**し、農業を行う。 〔　　　〕

☐☐ 4 コンパスを使って**コ**を描く。 〔　　　〕

☐☐ 5 取り組むべき課題は**タキ**にわたる。 〔　　　〕

☐☐ 6 **センドウ**のこぐ小舟で川を下る。 〔　　　〕

☐☐ 7 入場者は**ノ**べ八千人を記録した。 〔　　　〕

☐☐ 8 社交的な性格は**オヤユズ**りだ。 〔　　　〕

☐☐ 9 **ハナムコ**がはかま姿で入場した。 〔　　　〕

☐☐ 10 妹は泣き虫で**イクジ**がない。 〔　　　〕

	標準解答	解説	
1	分泌	分泌：細胞が生命の維持に必要な液をつくり、血液中や体外などに出すこと。	
2	令嬢	令嬢：他人の娘を敬って言う語。 ここが×嬢に注意。6〜7画目が抜けている誤答が多い。	嬢 ○
3	開墾	開墾：新たに山林や原野を切りひらいて田畑にすること。 ここが×墾の1〜7画目が不正確な誤答が多い。	墾 ○
4	弧	弧：弓なりに曲がった線。 ここが×狐と混同した誤答が多い。弧の部首は弓（ゆみへん）、狐の部首は犭（けものへん）。	
5	多岐	多岐：物事がおおくの方面にわかれていること。	
6	船頭	船頭：小さな舟のこぎ手。 ここが×先導…「先導」は「先に立って導くこと」という意味の別語。	
7	延	延べ：重複してもそれぞれ一つとして数え、合計すること。	
8	親譲	親譲り：おやから性格や特徴などを受け継ぐこと。 ✎譲には「ゆずる」などの意味がある。	
9	花婿	花婿：結婚したばかりの男性。	
10	意気地	意気地：自分の考えをつらぬこうとする気力。 ✎「意気地」は中学校で学習する熟字訓・当て字。	

読み / 同音・同訓異字 / 漢字識別 / 熟語の構成 / 部首 / 対義語・類義語 / 送りがな / 四字熟語 / 誤字訂正 / 書き取り

書き取り⑥

次の──線の**カタカナ**を**漢字**に直せ。

□□ 1 ヘリコプターの**ソウジュウ**訓練をする。 [　　　　]

□□ 2 強風のため**ジョコウ**運転をしている。 [　　　　]

□□ 3 登頂の中止は**ケンメイ**な判断だった。 [　　　　]

□□ 4 条約の**テイケツ**に向けて協議する。 [　　　　]

□□ 5 店の中で騒ぐのは営業**ボウガイ**だ。 [　　　　]

□□ 6 学校の**カダン**にコスモスを植える。 [　　　　]

□□ 7 **メイボ**を見ながら点呼をとった。 [　　　　]

□□ 8 和室の天井から雨水が**モ**る。 [　　　　]

□□ 9 教授は多数の書物を**アラワ**した。 [　　　　]

□□ 10 牧場で牛の**チチシボ**りを体験した。 [　　　　]

標準解答　　　　解　説

1 [操縦]
操縦：機械などをあやつり動かすこと。
✎ 縦には「ほしいまま。きままにする。」という意味がある。

2 [徐行]
徐行：車などが速度を落とし、ゆっくりと進むこと。
✎ 徐は「ゆっくりと」という意味を表す。

3 [賢明]
賢明：かしこくて、物の道理に通じていること。
✎ 賢、明いずれも「かしこい」という意味。

4 [締結]
締結：条約や契約を取りむすぶこと。

5 [妨害]
妨害：じゃまをすること。
誤✕ 防害…防は「ふせぐ」という意味の別の漢字。

6 [花壇]
花壇：土を盛り上げたり、さくを設けたりして、草やはなを植える所。

7 [名簿]
名簿：組織や団体に所属する人のなまえや住所などを一覧にしたもの。

8 [漏]
漏る：液体がすきまを通って外に出る。
誤✕ 盛る…「盛る」は「器物に物を入れて満たす」という意味の別語。

9 [著]
著す：文章を書いて世に出す。

10 [乳搾]
乳搾り：ウシなどのちちをしぼること。

読み

同音・同訓異字

漢字識別

熟語の構成

部首

対義語・類義語

送りがな

四字熟語

誤字訂正

書き取り

●本書に関するアンケート●

今後の出版事業に役立てたいと思いますので、アンケートに
ご協力ください。抽選で粗品をお送りします。

下記 URL、または二次元コードから回答画面に進み、画面
の指示に従ってお答えください。

https://www.kanken.or.jp/kanken/textbook/quickstudy.html

これでなっとく！

漢検　3級　クイックスタディ

2023年12月10日　第1版第1刷　発行

編　者　　公益財団法人　日本漢字能力検定協会
発行者　　山崎　信夫
印刷所　　三省堂印刷株式会社
製本所　　株式会社渋谷文泉閣

発行所　　公益財団法人　日本漢字能力検定協会
〒605-0074　京都市東山区祇園町南側551番地
☎(075)757-8600
ホームページ　https://www.kanken.or.jp/
©The Japan Kanji Aptitude Testing Foundation 2023
Printed in Japan
ISBN 978-4-89096-500-7　C0081

付録の赤シートを使って確認しましょう！

3級　漢字表

---- 漢字表の見方 ----

- 「漢検」3級配当漢字を、五十音順に並べています。
- 音読みはカタカナ、訓読みはひらがなで記載しています。高は高校で習う読み（準2級以上で出題対象）です。
- 画数は総画数を示しています。
- 部首は「漢検」で採用している部首・部首名です。

漢字	読み	画数	部首	部首名
哀 ㋐	音アイ　訓あわ(れ)・あわ(れむ)	9	口	くち
慰	音イ　訓なぐさ(める)・なぐさ(む)	15	心	こころ
詠 ㋑	音エイ　訓よ(む)高	12	言	ごんべん
悦	音エツ　訓—	10	忄	りっしんべん
閲 ㋓	音エツ　訓—	15	門	もんがまえ
炎	音エン　訓ほのお	8	火	ひ

漢字	読み	画数	部首	部首名
宴	音エン　訓—	10	宀	うかんむり
欧	音オウ　訓—	8	欠	あくび・かける
殴	音オウ高　訓なぐ(る)	8	殳	るまた・ほこづくり
乙 ㋔	音オツ　訓—	1	乙	おつ
卸	音—　訓おろ(す)・おろし	9	卩	わりふ・ふしづくり
穏	音オン　訓おだ(やか)	16	禾	のぎへん

漢字	読み	画数	部首	部首名
佳	音カ　訓—	8	亻	にんべん
架	音カ　訓か(ける)・か(かる)	9	木	き
華 ㋕	音カ・ケ高　訓はな	10	艹	くさかんむり
嫁	音カ高　訓よめ・とつ(ぐ)	13	女	おんなへん
餓	音ガ　訓—	15	食	しょくへん
怪	音カイ　訓あや(しい)・あや(しむ)	8	忄	りっしんべん

3級漢字表 まとめテスト まとめテスト標準解答

カ つづき

岳	穫	隔	郭	概	該	慨	塊	悔	漢字
訓 たけ / 音 ガク	音 カク	訓 へだ(てる)・へだ(たる) / 音 カク	音 カク	音 ガイ	音 ガイ	音 ガイ	訓 かたまり / 音 カイ	訓 く(いる)・く(やむ)・くや(しい) / 音 カイ	読み
8	18	13	11	14	13	13	13	9	画数
山	禾	阝	阝	木	言	忄	土	忄	部首
やま	のぎへん	こざとへん	おおざと	きへん	ごんべん	りっしんべん	つちへん	りっしんべん	部首名

敢	換	喚	貫	勘	冠	肝	滑	掛	漢字
音 カン	訓 か(える)・か(わる) / 音 カン	音 カン	訓 つらぬ(く) / 音 カン	音 カン	訓 かんむり / 音 カン	訓 きも / 音 カン	訓 すべ(る)・なめ(らか) / 音 カツ・コツ	訓音 か(ける)・か(かる)・かかり	読み
12	12	12	11	11	9	7	13	11	画数
攵	扌	口	貝	力	冖	月	氵	扌	部首
ぼくづくり	てへん	くちへん	かい・こがい	ちから	わかんむり	にくづき	さんずい	てへん	部首名

キ

騎	棄	棋	既	軌	忌	企	緩	漢字
音 キ	音 キ	音 キ	訓 すで(に) / 音 キ	音 キ	訓 い(む)・い(まわしい)高 / 音 キ	訓 くわだ(てる) / 音 キ	訓 ゆる(い)・ゆる(やか)・ゆる(む)・ゆる(める) / 音 カン	読み
18	13	12	10	9	7	6	15	画数
馬	木	木	旡	車	心	人	糸	部首
うまへん	き	きへん	すでのつくり	くるまへん	こころ	ひとやね	いとへん	部首名

漢字	脅	峡	虚	虐	喫	吉	菊	犠	欺
読み	音 キョウ 訓 おびや(かす)高・ おど(す)高・おど(かす)	音 キョウ 訓 —	音 キョ・コ高 訓 —	音 ギャク 訓 しいた(げる)高	音 キツ 訓 —	音 キチ・キツ 訓 —	音 キク 訓 —	音 ギ 訓 —	音 ギ 訓 あざむ(く)
画数	10	9	11	9	12	6	11	17	12
部首	肉	山	虍	虍	口	口	艹	牜	欠
部首名	にく	やまへん	とらがしら とらかんむり	とらがしら とらかんむり	くちへん	くち	くさかんむり	うしへん	あくび かける

漢字	啓	契	刑	遇	偶	愚	緊	斤	凝
読み	音 ケイ 訓 —	音 ケイ 訓 ちぎ(る)高	音 ケイ 訓 —	音 グウ 訓 —	音 グウ 訓 —	音 グ 訓 おろ(か)	音 キン 訓 —	音 キン 訓 —	音 ギョウ 訓 こ(る)・こ(らす)
画数	11	9	6	12	11	13	15	4	16
部首	口	大	刂	辶	亻	心	糸	斤	冫
部首名	くち	だい	りっとう	しんにょう しんにゅう	にんべん	こころ	いと	きん	にすい

漢字	孤	幻	賢	倹	鯨	鶏	憩	携	掲
読み	音 コ 訓 —	音 ゲン 訓 まぼろし	音 ケン 訓 かしこ(い)	音 ケン 訓 —	音 ゲイ 訓 くじら	音 ケイ 訓 にわとり	音 ケイ 訓 いこ(い)・いこ(う)高	音 ケイ 訓 たずさ(える)・たずさ(わる)	音 ケイ 訓 かか(げる)
画数	9	4	16	10	19	19	16	13	11
部首	子	幺	貝	亻	魚	鳥	心	扌	扌
部首名	こへん	いとがしら	かい こがい	にんべん	うおへん	とり	こころ	てへん	てへん

コ つづき

漢字	読み（音／訓）	画数	部首	部首名
坑	音 コウ／訓 —	7	土	つちへん
甲	音 コウ・カン／訓 —	5	田	た
巧	音 コウ／訓 たく（み）	5	工	たくみへん
孔	音 コウ／訓 —	4	子	こへん
悟	音 ゴ／訓 さと（る）	10	忄	りっしんべん
娯	音 ゴ／訓 —	10	女	おんなへん
顧	音 コ／訓 かえり（みる）	21	頁	おおがい
雇	音 コ／訓 やと（う）	12	隹	ふるとり
弧	音 コ／訓 —	9	弓	ゆみへん

漢字	読み（音／訓）	画数	部首	部首名
克	音 コク／訓 —	7	儿	ひとあし にんにょう
酵	音 コウ／訓 —	14	酉	とりへん
綱	音 コウ／訓 つな	14	糸	いとへん
絞	音 コウ／訓 しぼ（る）・し（める）・し（まる）	12	糸	いとへん
硬	音 コウ／訓 かた（い）	12	石	いしへん
慌	音 コウ高／訓 あわ（てる）・あわ（ただしい）	12	忄	りっしんべん
控	音 コウ／訓 ひか（える）高	11	扌	てへん
郊	音 コウ／訓 —	9	阝	おおざと
拘	音 コウ／訓 —	8	扌	てへん

サ

漢字	読み（音／訓）	画数	部首	部首名
搾	音 サク高／訓 しぼ（る）	13	扌	てへん
削	音 サク／訓 けず（る）	9	刂	りっとう
催	音 サイ／訓 もよお（す）	13	亻	にんべん
債	音 サイ／訓 —	13	亻	にんべん
墾	音 コン／訓 —	16	土	つち
魂	音 コン／訓 たましい	14	鬼	おに
紺	音 コン／訓 —	11	糸	いとへん
恨	音 コン／訓 うら（む）・うら（めしい）	9	忄	りっしんべん
獄	音 ゴク／訓 —	14	犭	けものへん

シ　　**サ** つづき

漢字	慈	侍	諮	施	祉	暫	擦	撮	錯
読み	音 ジ／訓 いつく（しむ）高	音 ジ／訓 さむらい	音 シ／訓 はか（る）	音 シ・セ高／訓 ほどこ（す）	音 シ／訓 —	音 ザン／訓 —	音 サツ／訓 す（る）・す（れる）	音 サツ／訓 と（る）	音 サク／訓 —
画数	13	8	16	9	8	15	17	15	16
部首	心	イ	言	方	ネ	日	扌	扌	釒
部首名	こころ	にんべん	ごんべん	ほうへん かたへん	しめすへん	ひ	てへん	てへん	かねへん

漢字	遵	潤	寿	殊	邪	赦	湿	疾	軸
読み	音 ジュン／訓 —	音 ジュン／訓 うるお（う）・うるお（す）・うる（む）	音 ジュ／訓 ことぶき	音 シュ／訓 こと	音 ジャ／訓 —	音 シャ／訓 —	音 シツ／訓 しめ（る）・しめ（す）	音 シツ／訓 —	音 ジク／訓 —
画数	15	15	7	10	8	11	12	10	12
部首	辶	氵	寸	歹	阝	赤	氵	疒	車
部首名	しんにょう しんにゅう	さんずい	すん	がつへん かばねへん いちたへん	おおざと	あか	さんずい	やまいだれ	くるまへん

漢字	衝	焦	晶	掌	昇	匠	徐	如
読み	音 ショウ／訓 —	音 ショウ／訓 こ（げる）・こ（がす）・こ（がれる）・あせ（る）高	音 ショウ／訓 —	音 ショウ／訓 —	音 ショウ／訓 のぼ（る）	音 ショウ／訓 —	音 ジョ／訓 —	音 ジョ・ニョ高／訓 —
画数	15	12	12	12	8	6	10	6
部首	行	灬	日	手	日	匚	彳	女
部首名	ぎょうがまえ ゆきがまえ	れんが れっか	ひ	て	ひ	はこがまえ	ぎょうにんべん	おんなへん

漢字	辛	伸	辱	嘱	譲	錠	嬢	冗	鐘
読み	訓 から(い) 音 シン	訓 の(びる)・の(ばす)・の(べる) 音 シン	訓 はずかし(める)高 音 ジョク	訓 — 音 ショク	訓 ゆず(る) 音 ジョウ	訓 — 音 ジョウ	訓 — 音 ジョウ	訓 — 音 ジョウ	訓 かね 音 ショウ
画数	7	7	10	15	20	16	16	4	20
部首	辛	イ	辰	口	言	釒	女	冖	釒
部首名	からい	にんべん	しんのたつ	くちへん	ごんべん	かねへん	おんなへん	わかんむり	かねへん

す

漢字	髄	随	穂	遂	酔	衰	粋	炊	審
読み	訓 — 音 ズイ	訓 — 音 ズイ	訓 ほ 音 スイ高	訓 と(げる) 音 スイ	訓 よ(う) 音 スイ	訓 おとろ(える) 音 スイ	訓 いき 音 スイ	訓 た(く) 音 スイ	訓 — 音 シン
画数	19	12	15	12	11	10	10	8	15
部首	骨	阝	禾	辶	酉	衣	米	火	宀
部首名	ほねへん	こざとへん	のぎへん	しんにょう しんにゅう	とりへん	ころも	こめへん	ひへん	うかんむり

せ

漢字	摂	籍	惜	隻	斥	請	婿	牲	瀬
読み	訓 — 音 セツ	訓 — 音 セキ	訓 お(しい)・お(しむ) 音 セキ	訓 — 音 セキ	訓 — 音 セキ	訓 こ(う)高・う(ける) 音 セイ・シン高	訓 むこ 音 セイ高	訓 — 音 セイ	訓 せ 音 —
画数	13	20	11	10	5	15	12	9	19
部首	扌	⺮	忄	隹	斤	言	女	牜	氵
部首名	てへん	たけかんむり	りっしんべん	ふるとり	きん	ごんべん	おんなへん	うしへん	さんずい

漢字	掃	桑	双	礎	粗	措	阻	繕	潜
読み	音 ソウ 訓 はく	音 ソウ 高 訓 くわ	音 ソウ 訓 ふた	音 ソ 訓 いしずえ 高	音 ソ 訓 あら(い)	音 ソ 訓 —	音 ソ 訓 はば(む) 高	音 ゼン 訓 つくろ(う)	音 セン 訓 ひそ(む)・もぐ(る)
画数	11	10	4	18	11	11	8	18	15
部首	扌	木	又	石	米	扌	阝	糸	氵
部首名	てへん	き	また	いしへん	こめへん	てへん	こざとへん	いとへん	さんずい

（ソ／セつづき）

漢字	逮	袋	胎	怠	賊	促	憎	遭	葬
読み	音 タイ 訓 —	音 タイ 高 訓 ふくろ	音 タイ 訓 —	音 タイ 訓 おこた(る)・なま(ける)	音 ゾク 訓 —	音 ソク 訓 うなが(す)	音 ゾウ 訓 にく(む)・にく(い)・にく(らしい)・にく(しみ)	音 ソウ 訓 あ(う)	音 ソウ 訓 ほうむ(る) 高
画数	11	11	9	9	13	9	14	14	12
部首	辶	衣	月	心	貝	亻	忄	辶	艹
部首名	しんにょう／しんにゅう	ころも	にくづき	こころ	かいへん	にんべん	りっしんべん	しんにょう／しんにゅう	くさかんむり

（タ）

漢字	鍛	胆	奪	諾	託	卓	択	滝	滞
読み	音 タン 訓 きた(える)	音 タン 訓 —	音 ダツ 訓 うば(う)	音 ダク 訓 —	音 タク 訓 —	音 タク 訓 —	音 タク 訓 —	音 — 訓 たき	音 タイ 訓 とどこお(る)
画数	17	9	14	15	10	8	7	13	13
部首	釒	月	大	言	言	十	扌	氵	氵
部首名	かねへん	にくづき	だい	ごんべん	ごんべん	じゅう	てへん	さんずい	さんずい

タ つづき / チ

漢字	読み（音／訓）	画数	部首	部首名
壇	音 ダン・タン（高）／訓 —	16	土	つちへん
稚	音 チ／訓 —	13	禾	のぎへん
畜	音 チク／訓 —	10	田	た
窒	音 チツ／訓 —	11	穴	あなかんむり
抽	音 チュウ／訓 —	8	扌	てへん
鋳	音 チュウ／訓 い（る）	15	釒	かねへん
駐	音 チュウ／訓 —	15	馬	うまへん
彫	音 チョウ／訓 ほ（る）	11	彡	さんづくり
超	音 チョウ／訓 こ（える）・こ（す）	12	走	そうにょう

ツ / テ / ト

漢字	読み（音／訓）	画数	部首	部首名
聴	音 チョウ／訓 き（く）	17	耳	みみへん
陳	音 チン／訓 —	11	阝	こざとへん
鎮	音 チン／訓 しず（める）（高）・しず（まる）（高）	18	釒	かねへん
墜	音 ツイ／訓 —	15	土	つち
帝	音 テイ／訓 —	9	巾	はば
訂	音 テイ／訓 —	9	言	ごんべん
締	音 テイ／訓 し（まる）・し（める）	15	糸	いとへん
哲	音 テツ／訓 —	10	口	くち
斗	音 ト／訓 —	4	斗	とます

ネ / ニ

漢字	読み（音／訓）	画数	部首	部首名
粘	音 ネン／訓 ねば（る）	11	米	こめへん
尿	音 ニョウ／訓 —	7	尸	かばね・しかばね
豚	音 トン／訓 ぶた	11	豕	いのこ
篤	音 トク／訓 —	16	⺮	たけかんむり
匿	音 トク／訓 —	10	匸	かくしがまえ
痘	音 トウ／訓 —	12	疒	やまいだれ
陶	音 トウ／訓 —	11	阝	こざとへん
凍	音 トウ／訓 こお（る）・こご（える）	10	冫	にすい
塗	音 ト／訓 ぬ（る）	13	土	つち

ハ

漢字	読み	画数	部首	部首名
藩	訓—／音ハン	18	艹	くさかんむり
畔	訓—／音ハン	10	田	たへん
伴	訓ともな（う）／音ハン・バン	7	亻	にんべん
帆	訓ほ／音ハン	6	巾	はばへん きんべん
伐	訓—／音バツ	6	亻	にんべん
縛	訓しば（る）／音バク	16	糸	いとへん
陪	訓—／音バイ	11	阝	こざとへん
排	訓—／音ハイ	11	扌	てへん
婆	訓—／音バ	11	女	おんな

フ　ヒ

漢字	読み	画数	部首	部首名
符	訓—／音フ	11	⺮	たけかんむり
赴	訓おもむ（く）／音フ	9	走	そうにょう
苗	訓なえ・なわ／音ビョウ高	8	艹	くさかんむり
漂	訓ただよ（う）／音ヒョウ	14	氵	さんずい
姫	訓ひめ／音—	10	女	おんなへん
泌	訓—／音ヒツ・ヒ高	8	氵	さんずい
碑	訓—／音ヒ	14	石	いしへん
卑	訓いや（しい）高・いや（しむ）高・いや（しめる）高／音ヒ	9	十	じゅう
蛮	訓—／音バン	12	虫	むし

ホ　ヘ

漢字	読み	画数	部首	部首名
慕	訓した（う）／音ボ	14	小	したごころ
募	訓つの（る）／音ボ	12	力	ちから
癖	訓くせ／音ヘキ	18	疒	やまいだれ
墳	訓—／音フン	15	土	つちへん
紛	訓まぎ（れる）・まぎ（らす）・まぎ（らわす）・まぎ（らわしい）／音フン	10	糸	いとへん
覆	訓おお（う）高・くつがえ（す）・くつがえ（る）高／音フク	18	襾	おおいかんむり
伏	訓ふ（せる）・ふ（す）／音フク	6	亻	にんべん
封	訓—／音フウ・ホウ	9	寸	すん

ホつづき

漢字	読み	画数	部首	部首名
縫	訓 ぬ(う) / 音 ホウ	16	糸	いとへん
飽	訓 あ(きる)・あ(かす) / 音 ホウ	13	食	しょくへん
崩	訓 くず(れる)・くず(す) / 音 ホウ	11	山	やま
倣	訓 なら(う)高 / 音 ホウ	10	イ	にんべん
胞	訓 — / 音 ホウ	9	月	にくづき
奉	訓 たてまつ(る)高 / 音 ホウ・ブ	8	大	だい
邦	訓 — / 音 ホウ	7	阝	おおざと
芳	訓 かんば(しい)高 / 音 ホウ	7	艹	くさかんむり
簿	訓 — / 音 ボ	19	竹	たけかんむり

漢字	読み	画数	部首	部首名
翻	訓 ひるがえ(る)高・ひるがえ(す)高 / 音 ホン	18	羽	はね
没	訓 — / 音 ボツ	7	氵	さんずい
墨	訓 すみ / 音 ボク	14	土	つち
謀	訓 はか(る)高 / 音 ボウ・ム高	16	言	ごんべん
膨	訓 ふく(らむ)・ふく(れる) / 音 ボウ	16	月	にくづき
某	訓 — / 音 ボウ	9	木	き
房	訓 ふさ / 音 ボウ	8	戸	とだれ とかんむり
妨	訓 さまた(げる) / 音 ボウ	7	女	おんなへん
乏	訓 とぼ(しい) / 音 ボウ	4	ノ	の はらいぼう

ユ / メ / ミ / マ

漢字	読み	画数	部首	部首名
誘	訓 さそ(う) / 音 ユウ	14	言	ごんべん
幽	訓 — / 音 ユウ	9	幺	よう いとがしら
免	訓 まぬか(れる)高 / 音 メン	8	儿	ひとあし にんにょう
滅	訓 ほろ(びる)・ほろ(ぼす) / 音 メツ	13	氵	さんずい
魅	訓 — / 音 ミ	15	鬼	きにょう
又	訓 また / 音 —	2	又	また
膜	訓 — / 音 マク	14	月	にくづき
埋	訓 う(める)・う(まる)・う(もれる) / 音 マイ	10	土	つちへん
魔	訓 — / 音 マ	21	鬼	おに

漢字	憂	揚	揺	擁	抑	裸	濫	吏
読み	音 ユウ／訓 うれ(える)・うれ(い)高・う(い)高	音 ヨウ／訓 あ(げる)・あ(がる)	音 ヨウ／訓 ゆ(れる)・ゆ(る)・ゆ(らぐ)・ゆ(るぐ)・ゆ(する)・ゆ(さぶる)・ゆ(すぶる)	音 ヨウ／訓 —	音 ヨク／訓 おさ(える)	音 ラ／訓 はだか	音 ラン／訓 —	音 リ／訓 —
画数	15	12	12	16	7	13	18	6
部首	心	扌	扌	扌	扌	衤	氵	口
部首名	こころ	てへん	てへん	てへん	てへん	ころもへん	さんずい	くち

漢字	霊	零	励	厘	糧	陵	猟	了	隆
読み	音 レイ・リョウ高／訓 たま高	音 レイ／訓 —	音 レイ／訓 はげ(む)・はげ(ます)	音 リン／訓 —	音 リョウ・ロウ高／訓 かて高	音 リョウ／訓 みささぎ高	音 リョウ／訓 —	音 リョウ／訓 —	音 リュウ／訓 —
画数	15	13	7	9	18	11	11	2	11
部首	雨	雨	力	厂	米	阝	犭	亅	阝
部首名	あめかんむり	あめかんむり	ちから	がんだれ	こめへん	こざとへん	けものへん	はねぼう	こざとへん

漢字	湾	漏	楼	廊	浪	炉	錬	廉	裂
読み	音 ワン／訓 —	音 ロウ／訓 も(る)・も(れる)・も(らす)	音 ロウ／訓 —	音 ロウ／訓 —	音 ロウ／訓 —	音 ロ／訓 —	音 レン／訓 —	音 レン／訓 —	音 レツ／訓 さ(く)・さ(ける)
画数	12	14	13	12	10	8	16	13	12
部首	氵	氵	木	广	氵	火	金	广	衣
部首名	さんずい	さんずい	きへん	まだれ	さんずい	ひへん	かねへん	まだれ	ころも

購入者スペシャル特典!
付属デジタルコンテンツのご案内

スペシャルウェブサイトでは、学習をサポートするコンテンツをご利用いただけます。

〈特典例〉

・おすすめの便利な本書の使い方を動画で紹介

・本書未収録の「まとめテスト」1回分のダウンロード

・直前チェック!間違いやすい語句・漢字コラム

など

スペシャルウェブサイトにアクセスして、付属デジタルコンテンツを手に入れよう!

▼スペシャルウェブサイトはこちら
https://www.kanken.or.jp/kanken/
bonus_contents/quickstudy.html

※コンテンツの内容、名称などは変わることがあります。

まとめテスト

／200

(一) 次の──線の**漢字の読み**をひらがなで記せ。 (30) 1×30

1 二人の力量は甲乙つけがたい。

2 平穏な毎日を送りたいものだ。

3 任務の遂行をちかう。

4 町を縦貫する高速道路が完成した。

5 大都市の近郊の住宅地に住む。

6 猟師が山に入っていく。

7 華麗なドレスを身にまとう。

8 ウミガメの産卵時期になる。

9 伝統的な邦楽の演奏を聴く。

10 腐敗した王政が転覆した。

11 土蔵から金塊が見つかった。

12 美しい歌声が観客を魅了した。

13 前掲の資料に詳細が記されている。

14 峡谷の風景を楽しむ。

15 転んでひざに擦過傷ができた。

16 兄は学校の先輩に心酔している。

17 手術で傷口を縫合した。

18 日本画の名匠として知られる。

19 北欧へ旅行する。

20 粉飾決算が暴露された。

21 姉は髪を結うのが上手だ。

22 物事の本質を悟る。

23 不意の質問に慌てる。

24 調査の範囲を絞り込む。

25 緊張で心臓が早鐘を打った。

26 周囲から怠け者と思われている。

27 田が干上がる。

28 真夜中に肝試しをする。

29 衣料品を卸値で買う。

30 為替レートが乱高下する。

(二) 次の――線の**カタカナ**にあてはまる漢字を
それぞれの**ア～オ**から**一つ**選び、**記号**で答え
よ。

1 祖父の信条は質素**ケン**約だ。

2 状況をみれば**ケン**明な判断だ。

3 陰**ケン**なやり方できらわれる。

（ア 賢　イ 険　ウ 堅　エ 検　オ 倹）

4 **バン**秋の野山を歩いた。

5 コーチが選手の**バン**走をしている。

6 もはや**バン**事休すだ。

（ア 万　イ 晩　ウ 伴　エ 番　オ 板）

(30)
2×15

7 この企画は**キ**上の空論にすぎない。

8 **躍キ**になって弁解した。

9 強豪同士の**一キ**討ちとなる。

（ア 汽　イ 記　ウ 騎　エ 机　オ 起）

10 濃**コン**のスーツを着る。

11 相手の**コン**胆を見破った。

12 意識が**コン**濁している。

（ア 困　イ 紺　ウ 恨　エ 混　オ 魂）

13 寸暇を**オ**しんで働く。

14 これまでの経験を**オ**り交ぜて語る。

15 当事者の心中を**オ**し量る。

（ア 惜　イ 推　ウ 押　エ 織　オ 置）

（三）1〜5の三つの□に共通する漢字を入れて熟語を作れ。漢字はア〜コから一つ選び、記号で答えよ。

1 波□・□費・放□

2 征□・殺□・□間

3 □覚・交□・□倒

4 □略・無□・参□

5 □葬・□蔵・□設

ア 謀　イ 伐　ウ 生　エ 錯　オ 攻
カ 浪　キ 埋　ク 閉　ケ 防　コ 送

（10）
2×5

(四) 熟語の構成のしかたには次のようなものがある。

(20)
2×10

ア　同じような意味の漢字を重ねたもの　（岩石）

イ　反対または対応の意味を表す字を重ねたもの　（高低）

ウ　上の字が下の字を修飾しているもの　（洋画）

エ　下の字が上の字の目的語・補語になっているもの　（着席）

オ　上の字が下の字の意味を打ち消しているもの　（非常）

次の熟語は上の**ア〜オ**のどれにあたるか、**一つ**選び、記号で答えよ。

1　朗詠　（　）

2　換言　（　）

3　未開　（　）

4　喫煙　（　）

5　去就　（　）

6　不和　（　）

7　耐震　（　）

8　侵犯　（　）

9　昇降　（　）

10　悦楽　（　）

（五）

次の漢字の**部首**をア〜エから**一つ**選び、記号で答えよ。

(10)
1×10

1 穫（ア 艹　イ 隹　ウ 又　エ 禾）

2 欺（ア 甘　イ 欠　ウ 人　エ 八）

3 娯（ア 口　イ ハ　ウ 女　エ 八）

4 糧（ア 日　イ 里　ウ 田　エ 米）

5 芳（ア 艹　イ 方　ウ 亠　エ ノ）

6 墾（ア 土　イ 艮　ウ 豸　エ 一）

7 倣（ア 力　イ 攵　ウ 宀　エ イ）

8 啓（ア 戸　イ 口　ウ 攵　エ 尸）

9 冠（ア 寸　イ 二　ウ 冖　エ ル）

10 哲（ア 口　イ 扌　ウ ノ　エ 斤）

（六）

後の □ 内のひらがなを漢字に直して □ に入れ、**対義語・類義語**を作れ。□ 内のひらがなは一度だけ使い、**漢字一字**で答えよ。

(20)
2×10

対義語

1 侵害 — □護

2 零落 — 栄□

3 詳細 — □略

4 実像 — □像

5 早婚 — □婚

類義語

6 不足 — □如

7 追憶 — 回□

8 了解 — □得

9 華美 — □手

10 許諾 — 了□

がい・きょ・けつ・こ・しょう
たつ・なっ・は・ばん・よう

(七) 次の――線の**カタカナ**を漢字一字と送りが
な（ひらがな）に直せ。

〈例〉問題に**コタエル**。〔答える〕

1 音楽で心を**ナグサメル**。

2 あちこちの美術館を**メグル**。

3 難しい質問を**アビセル**。

4 いかなる**オドシ**にも屈しない。

5 いがみ合うのは**オロカナ**ことだ。

(10)
2×5

( )( )( )( )( )

(八) 文中の**四字熟語**の――線の**カタカナ**を漢字
に直せ。**漢字二字**で答えよ。

1 彼のことなら**イシン**伝心でわかる。

2 両者は**イッショク**即発の関係だ。

3 **イタン**邪説として非難される。

4 実力者相手に**アクセン**苦闘する。

5 **ケイコウ**牛後の生き方を選ぶ。

6 **器用ビンボウ**で大成しない。

7 **行雲リュウスイ**の旅に出る。

8 **無味カンソウ**な話ばかりで退屈だ。

9 **千載イチグウ**の好機をつかむ。

10 何事にも**用意シュウトウ**な人だ。

(20)
2×10

( )( )( )( )( )( )( )( )( )( )

318 （巻末19）

(九) 次の各文にまちがって使われている同じ読みの漢字が一字ある。上に誤字を、下に正しい漢字を記せ。

(10)
2×5

1 県立総合競戯場が完成したことを記念して盛大な祝賀会が催された。

　誤〔　　〕　正〔　　〕

2 医療関係者と行政が一体となって在宅ケアの基盤制備を進めている。

　誤〔　　〕　正〔　　〕

3 空襲で焼失した城の天守閣を木造で複元する基本計画を策定した。

　誤〔　　〕　正〔　　〕

4 全国大会で昨年の切辱を果たし、念願の世界選手権の出場権を得た。

　誤〔　　〕　正〔　　〕

5 地球環境保護に尽力する将来優望な企業を選出し賞を授与した。

　誤〔　　〕　正〔　　〕

(十) 次の──線のカタカナを漢字に直せ。

(40)
2×20

1 主人公が**マホウ**を使う小説を読む。〔　　〕

2 **グウスウ**月に刊行される雑誌だ。〔　　〕

3 かつて**ショケイ**台に上った王がいた。〔　　〕

4 土地の権利を**ホウキ**する。

5 **エンジョウ**したビルを消火する。

6 盛大な**エンカイ**に招かれた。

7 図書館で本を**エツラン**する。

8 新しいことに**カカン**にいどむ。

9 **フキツ**な予感におびえる。

10 **ゲンジュウ**な警戒態勢をとる。

11 門に**ジョウマエ**をかける。

12 船が**コウワン**に停泊している。

13 何かが**コ**げるにおいがする。

14 **ヤマクズ**れで道路は通行止めだ。

15 **カタコ**リを和らげる体操をする。

16 兄に**マサ**るとも劣らない力持ちだ。

17 ランニングで足腰を**キタ**える。

18 課題提出の**シ**め切りに追われる。

19 友人が向こうから**チカヨ**ってくる。

20 **カ**け算の九九をくり返し練習する。

── おわり ──

まとめテスト　標準解答

(一) 読み (30)

1	2	3	4	5	6	7	8	9	10	11	12	13	14
こうおつ	へいおん	すいこう	じゅうかん	きんこう	りょうし	かれい	さんらん	ほうがく	てんぷく	きんかい	みりょう	ぜんけい	きょうこく

15	16	17	18	19	20	21	22	23	24	25	26	27	28	29
さっかしょう	しんすい	ほうごう	めいしょう	ほくおう	ばくろ	ゆ	さと	あわ	しぼ	はやがね	なま	ひあ	きもだめ	おろしね

30
かわせ

(二) 同音・同訓異字 (30)

1	2	3	4	5	6	7	8	9	10	11	12
オ	ア	イ	イ	ウ	ア	エ	オ	ウ	イ	オ	エ

(三) 漢字識別 (10)

1	2	3	4	5
カ	イ	エ	ア	キ

13	14	15
ア	エ	イ

(四) 熟語の構成 (20)

1	2	3
ウ	エ	オ

4	5	6	7	8	9	10
エ	イ	オ	エ	ア	イ	ア

(五) 部首 (10)

1	2	3	4	5	6
エ	イ	ウ	エ	ア	ア

(六) 対義語・類義語 (20)

10	9	8	7	6	5	4	3	2	1
承	派	納	顧	欠	晩	虚	概	達	擁

10	9	8	7
ア	ウ	イ	エ

(七) 漢字と送りがな (10)

5	4	3	2	1
愚かな	脅し	浴びせる	巡る	慰める

(八) 四字熟語 (20)

8	7	6	5	4	3	2	1
乾燥	流水	貧乏	鶏口	悪戦	異端	一触	以心

(九) 誤字訂正 (10)

	5	4	3	2	1
誤	優	切	複	制	戯
正	有	雪	復	整	技

10	9
周到	一遇

(十) 書き取り (40)

15	14	13	12	11	10	9	8	7	6	5	4	3	2	1
肩凝	山崩	焦	港湾	錠前	厳重	不吉	果敢	閲覧	宴会	炎上	放棄	処刑	偶数	魔法

20	19	18	17	16
掛	近寄	締	鍛	勝